STADTOASEN IN BERLIN

Susanne Leimstoll

Stadtoasen in BERLIN

Die schönsten Gartencafés, Biergärten und Draußenrestaurants

BeBra Verlag

INHALT

Restaurant Insel Lindwerder

VORWORT

Meine erste Entdeckung einer Stadtoase fand zwischen Mitte und Kreuzberg statt. Ende der 1990er Jahre war ich als Journalistin gerade aus dem ländlichen Baden-Württemberg ins große Berlin gewechselt, in diese für Neuankömmlinge unübersichtliche Stadt mit ihren Bezirken, Ortsteilen, Teilorten. Wie sollte ich hier Orientierung finden, wie mich auf Dauer mit Straßenlärm, Tempo und Metropolenhektik arrangieren? Und vor allem: Wo hätte ich auch mal meine Ruhe?

Die erste Redaktionsfete fand in der Hähnchenkneipe »Zur Kleinen Markthalle« unweit des Engelbeckens statt. Ich kam vom lärmigen Alex, überquerte das Maikrawall- und Demo-Mekka Oranienplatz – und landete in einem Kiez mit historischem Kopfsteinpflaster, beleuchtet von Gaslaternen, an einem Grünzug, früher der Luisenstädtische Kanal. Von der kleinen Waldemarbrücke konnte ich zum Engelbecken schauen, das noch bis zur Wende vom Todesstreifen eingeschlossen war, heute ein renaturierter Ort zwischen Gründerzeithäusern, einer, wohin man sich in der Mittagspause, am Feierabend oder am Wochenende flüchten könnte. Das gefiel mir; das also konnte Berlin auch sein.

So naiv können nur Neuankömmlinge denken. Wer eine Zeit lang hier lebt, merkt, Berlin ist doch alles auf einmal: hektische Metropole und Großstadt mit grüner Lunge, Moloch und wiedererstandenes Quartier, Steinschlucht und Schönheit am Wasser. Kein Kiez ohne Überraschung, kein Bezirk ohne Freizeitqualität. Das hat sich die vielfältige Gastronomie dieser Stadt längst zunutze gemacht. Wo sitzt und genießt es sich besser als im Park oder mit Spreeblick, im Biergarten oder mit Seeblick, im verborgenen Hof oder mit einem Museum als Nachbar?

Von solchen Stadtoasen handelt dieses Buch. Sie liegen mittendrin oder jottwede, gleich um die Ecke oder kurz vorm Stadtrand. Lokale, Cafés, Biergärten, Restaurantschiffe, die es lohnen, entdeckt zu werden. Orte, an denen es sich ausruhen und vor allem gut essen und trinken lässt. Für alle, die mal reif sind für die Insel oder raus wollen ins Landhaus, Genuss im Grünen suchen oder glauben, das gibt's auf keinem Schiff, mehr als nur Kaffee im Café erwarten oder Bock haben auf Biergarten.

Café Benjamine

Sicher gibt es davon noch mehr. Ich habe hier meine Favoriten ausgewählt, eine bunte Mischung – und manche ausgespart, die sich neu aufstellen oder (wegen Sanierungsarbeiten) vorübergehend geschlossen sind. Für mich zählte, dass jede Adresse ihren ganz eigenen Charme hat, ob sie nun leckeres Snackfood oder hervorragendes Fine Dining bietet, gutes Konditorhandwerk oder Pasta und basta, Gemüseküche oder Fleisch satt. Und weil all diese Orte von Ideen und Engagement leben, werden auch ihre Macher vorgestellt. Jedes Kapitel eine Geschichte.

Übrigens lebe ich längst in jenem Kiez in der Nähe des Engelbeckens. Er ist selten ganz still und nicht täglich beschaulich. Aber aus meinem Wohnzimmerfenster kann ich direkt in die Kronen hoher Linden, Kastanien und Birken gucken. Und in drei Minuten erreiche ich eine meiner Stadtoasen, die Terrasse des Cafés am Engelbecken, sehe den Schwänen zu oder den meterhohen Wasserfontänen, atme den Duft der Spalierrosen in einer Grünanlage, die mal ein Schifffahrtskanal war – nur eine von 37 Empfehlungen in diesem Buch.

Aber probieren Sie einfach alle aus!

SPEISEN IM DIAKONISSENSTIFT

1

3 SCHWESTERN KREUZBERG

Sollen andere ihre Gastro-Konzepte ändern, an diesem Ort ist das nicht nötig. Seit 2010 funktioniert das Café-Restaurant »3 Schwestern« im Zentrum von Kreuzbergs Demo-Kiez SO36 ganz friedlich. Eine Institution. Ein Lokal im historischen Kreuzgewölbesaal des früheren Diakonissenkrankenhauses Bethanien, erbaut ab 1845, einst Speisesaal von Ordensschwestern. Besser noch: Draußen liegt ein idyllischer Hofgarten mit Gartentischen auf Kies unter alten Bäumen, geschützt von den Mauern dieses seltsam unübersichtlichen, hufeisenförmig angelegten Baus: Haus Bethanien mit seiner gelben Klinkerfassade, Rundbogenfenstern, zwei 35 Meter hohen Türmchen und mächtigen Säulen und Gewölben im Inneren.

120 Drinnen- und ebenso 120 Draußenplätze, hinterm Saal einfach die Treppe hinab. Dort sitzt es sich so gemütlich. Von der Musikschule im angrenzenden Gebäudeflügel weht Gesang herüber; gerade probt ein Tenor, später sind die Chöre dran. Im Haus Bethanien ist zeitgenössische Kultur zu Hause, ein Zentrum für unterschiedlichste Künstlergruppen, eine Werkstatt für Bildende Kunst, Medien, Theater, Tanz, Dramaturgie, Performance, Kostüm. Und auf der angrenzenden Wiese gucken die Leute im Sommer, wenn die Dunkelheit hereinbricht, auf großer Leinwand Spielfilme im Freiluftkino.

Die Restaurant-Inhaber Michael Böhl und Wolfgang Sinhart setzen mit dem langjährigen Küchenchef Patrick Becker um, was zu diesem Ort passt: moderne alpenländische Küche mit mediterranen Einsprengseln, üppige Frühstücksplatten. Es gibt Biere vom Fass, selbst gemachte Limonade, Fair-Trade-Kaffee der lokalen Rösterei »19grams«. Alle sechs Wochen wechselt die saisonale Karte, aber die Klassiker bleiben: das Wiener Schnitzel vom Kalb mit Kartoffel-Gurkensalat, der Krustenbraten vom Havelländer Apfelschwein mit Biersauce und Buttermilch-Serviettenknödeln, die Hausmacher-Kässpätzle mit dreierlei Käse. Ab und zu ein Schlenker Crossover: Die Risottobällchen kommen mit Pak Choi, die Vorspeise vom Zander als Ceviche. Man kann sich fühlen wie in den Bergen,

Michael Böhl (l.) und Wolfgang S

denn das alpenländische Frühstück glänzt mit Spezialitäten von Berlins Käseaffineur Fritz Blomeyer und hausgemachter Marmelade zum zünftigen Brot. Oder wie auf einem Roadtrip, denn zum Trucker-Frühstück »Kamener Kreuz« gibt's einmal alles. Oder wie auf dem Gesundtrip, denn die vegane Version macht mit Dörr-Tomaten-Frischkäse, Rote-Bete-Hummus, Linsen-Curry-Aufstrich und Obst Appetit. Statt der anderswo üblichen Pancakes gibt's hier Kaiserschmarrn. Ein Angebot auch für Spätaufsteher, denn frühstücken kann man hier bis 14 Uhr.

Wen man hier trifft? Naturgemäß Kunstschaffende und Kulturinteressierte, Mitarbeiter der umliegenden Büros, Stadttouristen, etwa zweimal im Monat Gruppen, die im Restaurant Hochzeiten, Geburtstage, Jubiläen feiern. Das Lokal ist mittlerweile eher ein Familienrestaurant, die Wochenend-Jazz- und Swingkonzerte, vor Jahren fester Bestandteil, sind jetzt die Ausnahme.

Schade eigentlich. Die beiden Geschäftsführer sind Event-Profis, beide kommen aus der Künstlerszene. Michael Böhl war Produktionsleiter im Veranstaltungstempel Admiralspalast in Mitte, der Münchner Wolfgang Sinhart ist Schauspieler, war Mitbegründer des »White Trash Fastfood Club« am Hackeschen Markt. Nach Corona ist das »3 Schwestern« seit Juni 2021 wieder durchgehend offen – auch das Selbstbedienungscafé »Kleine Schwester« mit Außer-Haus-Verkauf. Wer sich die Verpflegung von da lieber nach draußen holt, kann sich auf eine der Bänke setzen oder auf die Wiese unter Bäumen, die das monumentale, denkmalgeschützte Haus am Mariannenplatz umgibt, im Rücken die Thomaskirche, auf der anderen Hausseite die Grünanlage des Luisenstädtischen Kanals, mit dessen Geschichte Bethanien verknüpft ist – das Vermächtnis des frommen Preußenkönigs Friedrich Wilhelm IV.

Zu Baubeginn lag die Luisenstadt noch zwischen Gärten und Feldern, doch schon ein halbes Jahrhundert später war sie umgeben von einem Häusermeer. So schnell hatte sich die Einwohnerzahl Berlins auf 1,7 Millionen verfünffacht. Das Bethanien war Krankenhaus und Institut zur Ausbildung von Krankenpflegerinnen. Mit seiner Stilllegung 1970 begann das Gezerre um die Immobilie: Bürgerinitiativen, Denkmalschützer und Hausbesetzer verhinderten den Abriss und erzwangen eine soziale und kulturelle Nutzung. Die Gesellschaft Künstlerhaus Bethanien ist in ein anderes historisches Kreuzberger Quartier umgezogen, dafür kamen das landeseigene Atelierprogramm und die Darstellenden Künste.

Ein Relikt der Anfangsgeschichte lebt weiter im Haus: die historische, größtenteils in Originalausstattung erhaltene Theodor-Fontane-Apotheke, denn der Dichter arbeitete 1948/49 als Pharmazeut im Krankenhaus. Ein kleines, dienstags und donnerstags geöffnetes Museum, ein skurriles Überbleibsel im Irrgarten-Gebäude der zig Gänge und hundert Türen. Wer es die Außentreppen hinauf an der »Kleinen Schwester« vorbei betritt und nur einkehren will, sollte nach dem Säulenfoyer im Flurgewölbe links abbiegen und einen Rechtsschwenk durch die alten, verglasten Eingangstüren machen. Dann muss er das »3 Schwestern« nicht lang suchen.

3 Schwestern Kreuzberg, Mariannenplatz 2, 10997 Berlin-Kreuzberg, www.3schwestern.com

BRUTAL KLERIKAL 2

21 GRAMM NEUKÖLLN

Drängelnde Autos, breite BVG-Busse, zwischen rot-weißen Abschrankungen Fußgänger und nervende Kamikaze-Radler. Die Luft ist lärmerfüllt und Abgas geschwängert. Die Sonne brennt, die Straße staubt, die Menschen nehmen's gelassen. Neuköllner Alltag, Hermannstraße.

Die Stille mitten in der Stadt beginnt hinter einer graffitiverschmierten Klinkermauer, der zum St. Thomas-Kirchhof, einem denkmalgeschützten Friedhof, 1865 angelegt mit Platanenalleen und Taxushecken, mit Wegen, gesäumt von Fichten und Linden. Nur ein paar Meter vom U-Bahnhof Leinestraße kann man dem Lärm entfliehen, durch das barocke Sandsteinportal in die Kirchhofstille eintauchen. Oder den Eingang daneben zur ehemaligen Aussegnungshalle, einem Klinkergebäude mit Kuppeldecke, nehmen und in einem lauschigen Hof ausgedehnt frühstücken oder Kuchen essen gehen: im Brunch-Café »21 Gramm«.

Jeremias Stüer und Daniel Kalthoff, Freunde seit ihrer Jugend, beide Profis aus der Gastro- und Eventbranche, hatten die Idee zum Café im Nebengebäude der Friedhofskapelle. Die Kirche dachte vor einigen Jahren um, begann, ungenutzte Gebäude zu verpachten. Die ehemalige Leichenhalle, 15 Jahre lang eine Werkstatt, und der Hof davor sollten neu genutzt werden. Das Konzept der Freunde überzeugte. Es folgten große Umbauarbeiten in Abstimmung mit dem Denkmalamt: Carports im durchbetonierten Hof wurden beseitigt, Wände eingerissen, Säulen durften wieder freistehen. Neue Wandfarbe, rustikale Möblierung, pflanzenbekränzte Leuchten, freigelegte Bibelsprüche an den Innenwänden.

Und draußen Pflaster statt Beton, dunkle Holzbohlen. Ein Dreieckssegel überdacht die Eckbank zwischen Klinkermauern, eine Lichterkette baumelt drüber. Drumherum Tische aus Holz und Stahl und Stühle, auf denen man lange sitzen bleiben mag. Ein Open-Air-Gastraum, umfangen von mit wildem Wein und Clematis beranktem Backsteingemäuer. »Wir wollten einen Raum schaffen, der aussieht, als gäb's ihn so schon immer«, sagt Jeremias Stüer. Nichts wirkt aufgesetzt, hier trauen sich alle ganz selbstverständlich rein: Hipster und die nachmittägliche Kuchenfraktion, Kiezbewohner und Touris, Friedhofsbesucher und Hochzeiter. Das macht auch die Kirche als Vermieterin glücklich.

Daniel Kalthoff (l.) und

Im »21 Gramm« gibt's kein Abendessen, sondern Brunch und Lunch und Kaffeestunde. Start 9.30 Uhr, Schluss um 17 Uhr. Der schwedische Küchenchef Albin Adolfsson, der auch für die öffentliche Kantine des im September 2023 eröffneten Medienhauses »Publix« auf der anderen Straßenseite zuständig ist, schickt Comfort-Food, wie er gerade im Trend ist: bodenständige Küche mit modernem Twist, gerne auch vegetarisch, jedes Gericht ein köstlicher Sattmacher. Ein Signature-Dish ist »Croque Madame«, französischer Brunch-Klassiker mit Schinken, Gruyère und Spiegelei auf Brioche plus grünem Salat, eine ordentliche Mahlzeit. Auf Sauerteigbrot kommt der Mushroom-Toast mit Portobello Pilz, Estragon-Mayo und gerösteten Mandeln. Klar gibt es Rührei, aber eben mit Sourcream, Parmesan und Lauchöl. Und statt der ewigen Hipster-Café-Pancakes stehen Omas »Arme Ritter« auf der Karte, sehr hygge kredenzt mit Apfelkompott, Vanille-Mascarpone, Zitronen-Ingwersirup und Zimt.

Kostenpunkt für die Gerichte: zwischen 9 und 15 Euro, nicht billig also, aber eine dicke, besonders schmackhafte Portion Essen fürs Geld. Manches reicht lässig für zwei. Nachmittags gibt's köstliche Obststreusel, klassische Käse- oder Schokokuchen. Und zur Feier des Brunch-Tages darf's auch mal ein Frühstücksdrink sein: »Birnini« etwa, Cremant d'Alsace mit pürierter Birne. Oder Vanille Espresso Martini aus einer Wodka-Infusion, Kaffeelikör und Vanillesirup. Im jungen, flinken Team sind die meisten Quereinsteiger, ein gelernter Barista ist dabei. »Wir haben jeden Tag Lust drauf«, lautet der Spirit.

Jeremias Stüer und Daniel Kalthoff sind überzeugt von diesem Kiez voller Gegensätze. Bis vor kurzem betrieben sie auch das Restaurant »Terz« ganz in der Nähe am Herrfurthplatz im Schillerkiez. Das ist jetzt Geschichte, dafür sind sie eben auf der gegenüberliegenden Straßenseite in die Kantine des in kühner Architektur entstandenen 5000 Quadratmeter großen Medienhauses »Publix« eingestiegen. Die Location ist der Kontrapunkt zum »21 Gramm«: Sichtbeton, Estrichböden, Zinkblech und helles Holz an Wänden und Fenstern, coole Designmöbel, ein scharf geschnittener Tresen. Nostalgie gibt's draußen in der Nachbarschaft, denn die Terrasse geht in den alten St. Thomas Kirchhof über, Garten und grünes Umfeld für die Kantine. Pro Tag kreiert Küchenchef Adolfsson hier immer nur ein vorwiegend vegetarisches Gericht, ab und zu stehen auch Fisch und Fleisch auf der Karte, und freitags ist Lasagnetag. Das Lokal liegt im Parterre des 25 Millionen Euro teuren Neubaus. Er beherbergt, ein Projekt diverser gesellschaftlich engagierter Stiftungen, unter anderem Büros und Coworking-Spaces, Ton- und Videostudios für unabhängigen, gesellschaftlich relevanten Journalismus.

Die Kantine ergänzt das Konzept des »21 Gramm-Cafés« also auch. Auf beiden Straßenseiten gibt's für die Gäste, was sie mögen, Küche, die lecker ist, gesund und vor allem schnell.

21 Gramm Neukölln, Herrmannstr. 179, 12049 Berlin-Neukölln, www.21gramm.berlin
Publix, Hermannstr. 90, 12049 Berlin-Neukölln, www.publix.de

EiS
Hausgemacht
1,5€/Kugel
home made

TÖRTCHEN UND FELDSTUDIEN

3

DAS »180 GRAD CAFÉ«

Ein Clou an diesem Bistro-Café ist die Lage direkt an Berlins großer Freiheit. An der größten unbebauten innerstädtischen Fläche der Welt, dem weitläufigsten Parkgelände der Stadt, an einem Ort mit Geschichte: ab 1924 Flughafenterrain mit Passagier- und Frachtbetrieb, Rettungsanker während der Berlinblockade, 2008 nach großen Protesten geschlossener Airport. Heute bietet die Grünmeile zwischen Hasenheide und Ringbahn, um deren Randbebauung immer wieder gestritten wird, ganze 355 Hektar Erholungsgebiet, zugänglich bis Sonnenuntergang. Eine Wiese, durchzogen von Asphaltbahnen, Manege für Freizeitspaß, Konzerte und Drachenfestivals, für Gartenprojekte und Skate- wie Radtouren.

Das »180 Grad Café« schmiegt sich auf Neuköllner Seite direkt ans Tempelhofer Feld. Der Name der kleinen Gastronomie ist ein Fingerzeig. Dort lohnt sich ein Päuschen zum Apéro nach Feierabend mit 180-Grad-Blick auf den Sonnenuntergang. Portwein-Tonic mit geflämmtem Rosmarin gefällig oder einen hochprozentigen Birnen-Sour? Die Adresse empfiehlt sich für eine ausgedehnte Mittagspause mit moderner vegetarischer Gemüseküche: Kürbis-Hummus mit Aubergine und schwarzem Venere-Reis, Spitzkohl-Kartoffelsalat mit gegrillter Karotte und Meerrettichcreme, italienischem Wirsing-Tomateneintopf mit Fregola Sarda. Vielleicht auch für ein filigranes Dessert: ein Griesflammerie mit Erdbeer-Basilikum-Ragout oder ein Rhabarber-Mandel-Tartelette mit Zitronen-Schmandbutter oder hausgemachtes Eis: Sauerampfer-weiße-Schokolade-Erdbeersorbet, Zitronen-Thymiansorbet, kombiniert mit cremigem Zitrus-Milcheis ... Kein Gericht nullachtfuffzehn, alles klassisch, doch einen Tick exzentrisch.

Zur Kaffeepause gilt das besonders. Denn Inhaberin Sarah Klausen, 37, gelernte Köchin und geprüfte Küchenmeisterin, hat ein Faible für aufwändige Patisserie. Und auch so erklärt sich der Name, den sie ihrem Café-Restaurant im Oderstraßen-Kiez gegeben hat. Sie sagt: »Ich backe ja meistens auf 180 Grad.«

Süßes war immer ihre Passion. Als Kind war sie »voll der Zuckerfreak«, hortete Naschwerk überall. Später hat sie diese kleine Sucht in Backliebe

Sarah Klausen

umgesetzt. Mit 16 beschloss das gebürtige Münchener Kindl, es brauche nach dem Abi Tapetenwechsel. Berlin sollte es sein und ein handfester Beruf. Ihre Lehrzeit zur Köchin absolvierte Klausen in zwei Jahren, tourte danach ein halbes Jahr zu Schulungszwecken durch Asien und kochte dann in diversen guten Berliner Restaurants. Ein Studium der Ernährungswissenschaften, schon ging es weiter: Praktika in Kolumbien und Peru, zurück in Berlin kulinarische Beratung für Restaurants wie den »Katerschmaus« am Holzmarkt und immer mehr Spezialisierung auf Patisserie aus der eigenen Speisemanufaktur. Ihr Lokal eröffnete sie im Juli 2021 nach monatelanger Renovierung während des Corona-Lockdowns: selbst zupacken, eigenhändig renovieren, freundliche Hilfe von Freunden und Nachbarn. Ein ehrgeiziges Projekt.

Das versteht, wer Sarah Klausen kennenlernt: Durchsetzungskraft und Kreativität, verteilt auf zierliche 1,56 Meter Körpergröße. Vom Gastraum, belegt mit spiegelblankem Parkett, eingerichtet im Industrial Style, kann man ihr durch riesige bleiverglaste Upcycling-Sprossenfenster beim Werkeln in der 60 Quadratmeter großen Küche zusehen. Eben pudert sie einen Tiramisu-Cheesecake ab: in Schokocreme versenkte Löffelbiskuits, getränkt mit Fair-Trade-Kaffee, obenauf eine Schicht Zitronenmousse und Mascarponetupfen, die jetzt ein kleiner Schwall 70-prozentigen Kakaos schokobraun färbt. Zackig muss das gehen, die Canelés für einen neuen Dessertteller kommen frisch aus dem Ofen.

Sarah Klausen passt so gut in dieses Ambiente: schwarzes Shirt über schwarzen Jeans, Birkenstock-Slings. Das Blondhaar am Hinterkopf zusammengesteckt, Ohrschmuck aus Tafelsilber-Dessertlöffeln. An der Patisserie liebt sie das Spiel mit feinen Aromen und Konsistenzen: Crunch, Cremigkeit, Säure, Süße und »gern mal ne salzige Ecke«. Ihre Kreationen sollen im Mund für Verwirrung sorgen. Bloß nichts Geradliniges. Ihr Weiße-Schokolade-Pumpernickel-Törtchen ziert ein Topping aus Granny-Smith-Tranchen. Ihr Mini-Karottenkuchen ruht auf roh marinierten Möhrenscheiben mit Zitronen-Gel und Zimtcrumble. Ihre Apfel-Mandeltarte versteckt geröstete Mandeln im Teig mit leichter Salznote, jede Menge Frucht und Vanillecreme obenauf.

Unter der Woche bietet Klausen täglich je vier Törtchen- und Kuchensorten, saisonal wechselnd, vieles davon vegan; darauf steht der Kiez. Draußen am Trottoir sitzen die Gäste unter Sonnenschirmen bis in den Abend zur Apéro-Zeit. Eine Laufgegend ist das nicht, aber das Tempelhofer Feld schickt die Leute rüber: schlendernde Touristen, Feierabendmüde, Freizeitmenschen, Stammgäste aus dem Kiez und viele Kids, schon wegen des Hausmacher-Eises.

Es gilt Self-Service, und alle Gerichte gibt's auch als Take-away. Aber dann kommen sie, um ihre bestellten Speisen abzuholen oder sie ordern »zum Mitnehmen«, sehen sich um – und bleiben viel lieber da. Denn in allem, hier im Bistro-Café am Tempelhofer Feld, steckt so viel Herzblut wie in Sarah Klausens kulinarischen Kreationen.

180 Grad Café, Oderstraße 52, 12049 Berlin-Neukölln, www.180gradcafe.com

708

TANKBIER STATT SCHULSPORT

4

ALTE TURNHALLE FRIEDRICHSHAIN

Der Touri- und Hipster-Kiez Simon-Dach-Straße und der durchgentrifizierte Boxhagener Platz liegen nur einen Katzensprung entfernt. Hier aber herrscht gemächliche Ruhe. Das Quartier rund um die Holteistraße könnte auch irgendein gutbürgerlicher Kiez im familienfreundlichen Pankow sein. Ein wenig geleckt wirkt die Gegend schon. Das Ensemble der Max-Kreutzinger-Oberschule ist saniert und beherbergt Eigentumswohnungen. Und die dazugehörige Turnhalle, ein langgestreckter Bau – wie die Schule in den 1950er Jahren im neoklassizistischen Stil gebaut und ein kleines Zitat des Zuckerbäckerstils der DDR-Magistrale Stalinallee – ist Gasthaus und Eventlocation. Mit einem riesigen Saal, dem man seine sieben Meter Tonnengewölbehöhe von außen nicht ansieht und in dessen Mitte ein gigantischer Kronleuchter von der Decke hängt. Das Gebäude wirkt mit seiner denkmalgeschützten Fassade, den Sprossenfenstern und den Säulen zum Garten hin eher verspielt und zierlich hinter so vielen grünen Hecken.

Dass Innen und Außen sich so sehr unterscheiden, bleibt nicht die einzige Überraschung. Wer einen für Berlin eher untypischen Biergarten sucht, ist in der »Alten Turnhalle« Friedrichshain genau richtig. Hier gibt's außer Urquell auch Pilsener Tankbier aus dem Kupferkessel. Und unkomplizierte, bodenständige, moderne und geschmacklich ausgefeilte Gerichte.

Um die 300 Plätze bietet das Draußenrestaurant, das die Turnhalle umfängt. Keine Bierbänke und -tische, sondern moderne, aus alten Gerüstbaudielen und Stahl zu stabilen Sitzgruppen geformte Möbel. Dazwischen Leuchten wie Stelen. Eine ausladende Terrasse unter einem Zeltdach. Und überall mit Bedacht gewähltes Grün in Pflanzkübeln: Spalierapfel, Kirsch- und Feigenbäumchen, Sträucher mit Johannis-, Him- und Brombeeren. Kleine Kräuter- und Nutzgärten: Thymian, Lavendel, Gurken und Tomaten. Jede Sitzgruppe ist damit eingefasst. Es darf gepflückt und geschnuppert werden. Gerade Kinder tun das hier gern.

Christian Otto (l.) und Axel Endler

Die Bepflanzung ist ganz die Linie von Christian Otto, 41. »Ein kleines Naturerlebnis in der Stadt«, findet er. Gemeinsam mit Geschäftspartner Axel Endler – beide haben eigene Firmen und kommen aus der Eventbranche – ist er seit acht Jahren Leiter und Pächter der Turnhalle, hat zuvor das Industrieareal der »Alten Münze« mitentwickelt und das über und über mit Gewächsen ausgestattete »The Greens«, einen Ort für Kaffee- und Pflanzenfreunde, dort etabliert. Begrünte Gastronomie ist ihr gemeinsames Faible – selbst im Inneren der Turnhalle als grünes Kunstwerk in Form von vertikalen (Moos-)Gärten umgesetzt: überm Tresen, mitten im Saal bis hin zu den Toiletten. Für die Betreiber mehr als eine Spielerei, eher ein Bekenntnis zur Natur.

Zur Linie passen bestens die Speisen von Küchenchef Stefan Schäfer, denn die schaffen den Dreh hin zur modernen Wirtshausküche. Beispiele? Als Starter gerösteter Blumenkohl und wilder Brokkoli mit Hausmacher-Tahini-Sauce, Hummus und gerösteten Cashews. Oder die fleischige Variante: Havelland-Rindermett, rote Zwiebeln und Eigelb. Dazu gibt's ein frisches Sauerteigbrot, das auch die duftende Basis üppiger »Berliner Platten« für Zwei ist. Schmeckt ganz anders als bei Muttern: Rindfleisch-Buletten mit Waldbeersenf, Currywurst mit Apfel-Curry-Sauce, mariniertes Backpflaumen-Schwein, Ofenkartoffel. Tatsächlich gibt's das Ganze auch als vegane Variante mit Grünkohl-Pastinaken-Bällchen Rote-Bete-Falafel, saisonalem Grüngemüse und eben pflanzlicher »Currywurst«.

Eher der Schnitzeltyp? Dann vielleicht ein paniertes vom Kalb mit Gurkensalat und Moosbeeren-Chutney. Selbst der Burger ist angenehm anders, kommt mit Bärlauch-Zwiebel-Rinder-Smash, Balsamico-Schmorzwiebeln, Spreewaldgurke, hausgemachter Sauce und Pommes. Für Kinder gibt's Currywurst am Spieß mit Apfel-Curry-Ketchup oder Hähnchennuggets mit Pommes rot-weiß.

Echt große Portionen zu mittleren Preisen – und alles schmeckt garantiert lecker. Aber dann ist da am Wochenende ja noch dieses Brunch-Büffet mit 30 bis 50 kalten und warmen Speisen von Havelländer Apfelschweinbraten bis Wildragout, von Zander auf Schmorgurke bis dreierlei Boulette, von Röstgemüse über Salat bis hin zu Waffeln, Softeis, Crêpes... Meine Güte! Draußen sitzen und schlemmen macht allenfalls noch mehr Spaß, wenn auf der hölzernen Bühne am Wochenende auch noch Live-Jazz, Poetry-Slam, Kleinkunst geboten werden. Open House bis 0 Uhr.

Christian Otto und Axel Endler sind in das Projekt »Alte Turnhalle« hineingewachsen, haben in den ersten zwei Jahren immer wieder am Konzept geschraubt, vieles neu konzipiert. »Dieser Ort soll sich noch mehr öffnen. Bestes Beispiel sind Pflanzen- oder Trödelmärkte, vor allem aber der familienfokussierte Brunch«, sagt Otto. »Wir möchten im Kiez verankert sein.« Das haben sie ganz gut im Griff.

Alte Turnhalle Friedrichshain, Holteistraße 6 – 9, 10245 Berlin-Friedrichshain, www.alte-turnhalle-berlin.de

VERSTECKT IM VILLENVIERTEL

5

BIERGARTEN AM HERTHASEE

Nobler liegt wahrscheinlich kein Berliner Biergarten. Stiller auch nicht: mitten im Villenviertel Grunewald an einem umwucherten See, dem man nicht ansieht, dass er bloß zur Drainage der Landschaft vorgesehen war, unterhalb der Bismarckbrücke, einer wuchtigen Stahlbalkenkonstruktion, getragen von neobarocken Steinbögen.

Ehe man den Eingang zum Biergarten sucht, der hier – Verdammt! – doch irgendwo sein muss, zieht es einen unweigerlich zu den Brückenköpfen, die der Bildhauer Max Klein 1891 geschaffen hat. Er ließ Löwenhaupt-Obelisken und neobarocke Vasen auf die Sandsteinbrüstungen hieven – vor allem Sphinxen, gigantisch große Fabelwesen, halb Tier, halb nackte Frau, deren Gesichter unter steinernen Flechtfrisuren mit weit geöffneten Augen die Königsallee hinunterblicken und stoisch Besucher ignorieren, die an ihrer gründerzeitlichen Pracht vorbei einen Blick auf den Herthasee dort unten werfen. Oder ums Eck die Villa Walther, Sitz eines Wissenschaftskollegs mit weitläufigen Mietwohnungen im großen Anbau und wehrhaften Statuen auf den Brüstungen. Die Haupthausfassade zur Straße ist der reinste Bilderbogen, opulent verziert mit Reliefs und Giebelmosaiken. Ein Repräsentationsbau wilhelminischer Architektur von 1912, geplant als riesiges »Einfamilienhaus«, angeberische Visitenkarte des Königlichen Baurates Wilhelm Walther.

Hier kann man staunend spazieren gehen und Berlins Reichenviertel auf sich wirken lassen, ehe einen der Durst und Appetit doch auf die Suche nach dem Biergarten treiben. Man muss sich nur durchs schmiedeeiserne Tor des St. Michaels-Heimes wagen, einer Einrichtung des kirchlich-sozialen Trägers Johannisches Sozialwerk, das hier unter anderem ein Jugendgästehaus mit Tagungsräumen und Praxen betreibt. Kern des Gebäudes ist das ehemalige Palais der Familie Mendelssohn im Stil eines englischen Palais, erweitert um einen großen Neubau.

Quer über den Vorplatz geht es linker Hand die Treppe hinab und noch kurz rechts um die Ecke. Dort liegt er unterhalb der Steinterrasse des Heimes, der

kleine Biergarten mit um die 150 Plätzen an schlichten Gartentischen zwischen schmiedeeisernen Laternen. Von der Brüstung aus kann man in den weitläufigen, von Baumriesen bestandenen Park, der zum Michaels-Heim gehört, schauen und hinüber in die Senke, deren Wiesen bis zur dicken Trauerweide am Seeufer führen. Ein Ort, wie gemacht für entspannte Pausen und kleine Festivitäten.

Karsten Brose

Erstmal Platz nehmen an diesem sonnigen Mittag, noch brummt das Geschäft nicht. Vogelgezwitscher, eine Kröte quakt, eine Amsel jagt Spatzen über die Tische. An der Böschung treiben die Rosen weiße, rosa und dunkelrote Blüten. Glocken beginnen zu läuten. Der Biergarten – ein Geheimtipp, schlicht, gemütlich und hübsch verborgen. Ein Ziel, auch wenn es regnet: Im Lokal drinnen ist Platz für 100 Gäste.

Geschäftsführer Karsten Brose, gebürtiger Neuköllner, kommt mit dem Kombi aus seinem Heimatbezirk angefahren. Da betreibt er im Britzer Garten auch das Restaurant »Seestern« auf einem Ponton im Wasser – das komplette Gegenteil des Herthasee-Biergartens, ein von Besuchern umschwirrtes Lokal. Die Location am Herthasee hat Brose sich vor Jahren als Pacht gesichert. Er fand, der Ort mit Verbindung zu einem sozialen Träger passe gut in sein Portfolio. Brose hat ein Unternehmen, das Fachkräfte für die Gastronomie ausbildet und auf soziale Integration setzt von Schwerbehinderten, Geflüchteten, Menschen in sozial schwieriger Situation.

Eigentlich ist er Außenhandelsfachmann für Baustoffe, baute im Auftrag gastronomische Betriebe aus. Damit nicht genug: Die üblichen Gastro-Weiterbildungen fand er »schlecht gemacht«. Nach Zusatzausbildungen zum internationalen Barmeister, zum Restaurant- und Hotelfachmann sowie zum Veranstaltungskaufmann wurde er selbst Dozent und zog ein Schulungszentrum für Restaurant- und Barfachkräfte in Großziethen auf. In der Hermannstraße betrieb er eine Zeit lang selbst eine typische Berliner Kneipe mit Kegelbahn, den »Berliner«, der mal von einer Boulevardzeitung zum besten Kieztreff der Stadt gekürt wurde.

Brose denkt sozial. Seine Klientel, sagt er, lerne Deutsch und den professionellen Umgang mit dem Gast im Team allemal besser als bloß in theoretischen Kursen. »Und ich finde es schade, wenn man Schwerbehinderte unterschätzt.« Deshalb setzt er auf Inklusion und beschäftigt gern Menschen mit Handicap. Sein Konzept gilt auch für den Herthasee, hier läuft alles gemütlich. Zum Biergarten gehört eine Eisbude mit neun Sorten der Berliner Premium-Eisdiele »Gimme Gelato«. Zum Wochenende wird der Grill angeworfen, auf der Karte steht ein großes Spektrum an Flammkuchen, Salaten und natürlich Kaffee und Kuchen. Und ab und zu sorgt Brose in Absprache mit dem Johannischen Sozialwerk für eine Sause im Park bis runter zum Seeufer. Dann holt er Bands auf die große Bühne in der Grünanlage. Unterhaltung, Essen auf die Hand, eine Kaltschale – was will der Mensch im Sommer mehr? Und das alles mitten im Villenviertel!

Biergarten am Herthasee
Bismarckallee 23, 14193 Berlin-Grunewald, www.biergarten-am-herthasee.com

VOLLE SÜDSEITE

6

BOOTSHAUS STELLA AM LIETZENSEE

Wieso der 6,6 Hektar große See, der sich sichelförmig, von einem Park umgeben durch Charlottenburgs Westend zieht, diesen Namen trägt, ist wohl nicht eindeutig geklärt. Manche Quellen besagen, der Lietzensee sei nach dem Dorf Lietzow oder Lützow benannt, 1719 eingemeindet in die Stadt Charlottenburg, als Gewässer bloß ein besserer Fischteich für das Benediktinerinnenkloster. Ein slawischer Begriff nämlich, hergeleitet von »luccina«, was nichts Netteres bedeutet als »Lache« oder »Sumpf«. Vielleicht bemüht sich der trübe See an diesem Spätsommertag deshalb so sehr, die weißen Schäfchenwolken, die der Wind über den knallblauen Himmel treibt, zu spiegeln.

Sein Name könnte aber auch von »Lietze« stammen, vulgo: Blässhuhn. Die Deutsche Ornithologische Gesellschaft hat sich das 1855 einfallen lassen. Ihre Begründung: Dort seien jede Menge »Blassenten« heimisch.

Aber richtig schön schaurig wird es erst, wenn man beim Blick in das bis zu vier Meter tiefe Wasser über die Sage grübelt, das Dorf Lietzow liege da drunten versunken und in alter Zeit hätten sich manchmal die Netze der Fischer mitten im See an der Kirchturmspitze verfangen. Es soll gespukt haben an den Ufern: Bodenbrände, herumgeisternde Hunde ...

Wenn heute etwas im Lietzensee blubbert, sind das höchstens Belüftungsanlagen, die den nördlichsten See der Grunewaldkette mit Sauerstoff versorgen, damit es nicht nochmal zu einem Fischsterben kommt, denn der See hat keinen Zulauf. Und statt Höllenhunden hetzen allenfalls Jogger die Uferwege entlang. Nichts ist hier gespenstisch, im Gegenteil: Wer sich an der Nordseite auf die Terrasse des Bootshauses »Stella« setzt, sich ein deftiges Essen oder etwas zum Kaffee von der SB-Theke holt, kann entspannt und heiter auf Wiesen, Wege, Wasser und pfeilgerade auf den Funkturm gucken. Ein unvermutetes Idyll in feiner Wohngegend im Berliner Westen, ein Lokal in bester Lage.

Seit sieben Jahren ist Sergio Soldarini, 67, Gastroprofi vom Comer See, alleiniger Inhaber. Aber er betreibt das Lokal im Tandem mit seinem langjährigen guten Freund Gino Vinci. Soldarini lebt seit 44 Jahren in Deutschland. Als Kellner kam er her, wollte zwei Wochen auf Besuch bleiben, half aus in einem ita-

Sergio Soldarini

lienischen Lokal in der Suarezstraße, dem »Stella Alpina« – und blieb, übernahm später, als der alte Wirt ging. Charlottenburg wurde sein Lebensmittelpunkt.

Das Bootshaus, erzählt er, sei lange nur »eine Holzhütte mit Ausschank« gewesen. Größer und komfortabler wurde es erst im Sommer 2009 durch den Neubau. Und es funktioniert mit Selbstbedienung. Drinnen ist fast nur Platz für die Warteschlange an der Theke, zwei, drei Tische und eine große verglaste Küche. Raum für 140 Gäste bietet die Terrasse, denn die liegt zur Südseite und ist sogar an heiteren Wintertagen beliebt bei Spaziergängern. Im November und Februar macht Soldarini an sonnigen Wochenenden auf, im Dezember und Januar ist Pause.

Wer hierher kommt, verdrängt den Gedanken an die trübe Jahreszeit schnell. Das »Stella« hat Stammgäste aus dem gutbürgerlichen Kiez, ist eine Entdeckung für Touristen mit Logis in der City West oder lohnt für Messebesucher einen Abstecher ins Grüne. Die wechselnde Karte ist ein Zwischending aus Italien- und Biergartenklassikern, bietet Pizza mit Bresaola, Rucola, Walnüssen und Parmesan genauso wie Schweinekrustenbraten, getrüffelte Ziegenkäse-Gnocchi in cremiger Sauce ebenso wie frisch im Rohr gebackenen und angegrillten Leberkäs' der Schmargendorfer Fleischerei Siedmann. Täglich um die 15 Gerichte, dazu Kuchen der Berliner Bäckerei Zernikow. Frühstücken kann man ab 10 Uhr ziemlich üppig und vor allem mit dreierlei Rührei zur Auswahl.

Ein Gasthaus gab es an diesem Ort schon 1924, der Park ist weit älter. Der preußische Generalleutnant Karl Ernst Job Wilhelm von Witzleben, Spross eines thüringischen Uradelsgeschlechtes, kaufte das Land rund um den Lietzensee, ließ einen Privatpark anlegen und baute sich auf der Westseite ein Landhaus. Nach seinem Ableben wurde die Anlage öffentlich, aber durch den Damm der verlängerten Kantstraße zweigeteilt. 1910 kaufte die Stadt Charlottenburg See und Park, und der Berliner Gartenarchitekt Erwin Barth machte sich ans Werk. Es entstand ein Landschaftspark mit zwei Kaskaden und Uferwiesen. In den 1950er Jahren wurde das im Krieg zerstörte Terrain wiederhergestellt, ein Fußgängertunnel unter der Lietzenseebrücke verbindet die beiden Parkteile, die denkmalgeschützte Gartenanlage schmücken Skulpturen. Ein gut gepflegtes Stück Grün in Berlin; seit 2004 kümmert sich ein Verein engagierter Anwohner um die Pflege.

Wer im Bootshaus am Tresen ansteht, kann einen Blick in die Vergangenheit werfen: Ein gerahmtes Foto zeigt zwei junge Kerle, die mit ihrem Paddelboot aus Jux den Kahn eines Freundes anrempeln, der zwei kichernde Mädels übern See rudert. Eine Szene von 1955. Im Hintergrund steht das frühere Bootshaus am Ufer, mit am Steg vertäuten Holzschaluppen. War ooch schon schön jewesen, damals...

Bootshaus Stella am Lietzensee, Witzlebenplatz 1A, Am Lietzenseeufer, 10457 Berlin-Charlottenburg, www.bootshausamlietzensee.de

NAH AM WASSER

7

CAFÉ UND BOOTSVERLEIH SCHLACHTENSEE

Wer ankommt, die Treppen hinunter vom Marinesteig durch den Wald oder den Uferweg entlang, sieht erst einmal nur die Ruderboote, wie am Schnürchen aufgereiht am Steg. Grün und rot und dunkelblau, belegt mit ergrauten Holzplanken, ein paar lange hölzerne Ruder ordentlich abgelegt. Etwas in die Jahre gekommen die Flotte, aber pittoresk und vor allem seetüchtig. Gegenüber das Ufer, dicht gesäumt von fett belaubten Bäumen. Eine Brise lässt die Bötchen schaukeln am westlichen Zipfel eines der beliebtesten Freizeitgewässer Berlins, dem größten der Grunewaldseenkette. 421.000 Quadratmeter, bis zu achteinhalb Meter tief. Eine ideale Badewanne. Nehmen wir eine Auszeit am Schlachtensee in Zehlendorf.

Vorm hölzernen Gatter stehen die Gäste ab 12 Uhr Schlange am Café zum Bootsverleih. Nicht alle wollen einen Kahn mieten, obwohl man sein Bierchen auch mit auf die Rudertour nehmen kann. Geduld, Lotti Hellberg macht ja schon auf, lächelnd, zum Plausch aufgelegt. Es geht über weiße Kiesel, vorbei an Blumenampeln und bepflanzten Hochbeeten, unterm gelben Sonnensegel entlang zu Gartentischen und Stühlen mit blau-weiß-gestreiften Kissen und am liebsten bis nach hinten zur Terrasse, die auf Pfählen ein Stück in den See hinausragt. Da gibt's Korbstühle, und der Strandkorb ist immer gleich belegt. Es sitzt sich idyllisch zwischen all den Kräutern und Blumen an Deck, vor einem nichts als Wasser und Blattgrün. Standup-Paddler trainieren Lautlos-Sport, gelegentlich krault ein Freiwasserschwimmer vorbei. Kaffee, Kuchen und dazu Stille. Was Berlin nicht alles auf Lager hat!

Noch eine Stunde zuvor hat Lotti Hellberg im gelben Bootsverleih-Haus einen ihrer berühmten Hausmacherkuchen gebacken. Die Apfelschnitze ziehen in einer Marinade aus Zitrone und Zucker. Sie gibt den Rührteig aufs gefettete Blech, das Obst dick obenauf, eine dünne Teigdecke drüber – und ab in den Ofen. Der Pflaumenstreusel kommt eben aus dem Rohr. Lotti Hellbergs Kuchen sind super beliebt. Schlicht, aber lecker, vier bis fünf Sorten täglich. Blaubeer-, Kirsch- oder Zitronen-Tarte, Schokokuchen, Obststreusel, je nach Saison.

Lotti Hellberg

Improvisation ist gefragt, fließend Wasser gibt es nicht, zwei Container kommen täglich vom Biergarten »Fischerhütte« an der anderen Seespitze. Der Eigner, Gastro-Mogul Jo Laggner, ist auch Inhaber des Bootsverleihs Schlachtensee. Er lässt Lotti Hellberg machen, sie ist ein Restaurant-Profi. Herzhafte Kleinigkeiten bietet sie ebenfalls: Würstchen mit Kartoffelsalat, selbstgeköchelte Suppen. Lottis Mann, Dieter Kaldewey, geht zur Hand, putzt Gemüse, erledigt den Abwasch. Nur scheinbar brummig, er hat Schalk in den Augen und Ironie in den Sprüchen. Lotti Hellberg ist in den Siebzigern. Darauf käme kein Mensch, der sie in Aktion sieht: Sommerbräune, Pagenschnitt im Haar, dekolletiertes T-Shirt zu Jeans und Sneaker, gerötete Wangen.

Geboren und aufgewachsen in Rostock, hat sie ihr Leben lang in der Gastronomie gearbeitet, in erster Linie im Service. Als junge Frau wollte sie die Welt sehen; nicht so einfach in der DDR. Sie landete auf Frachtern nach Fernost, als Azubi, später als Restaurantfachfrau. Der Kontakt mit Menschen lag ihr. Nach Jahren zog sie mit ihrem schwedischen Mann nach Malmö, die beiden machten sich mit einem Restaurant selbstständig. Aber das war's noch nicht mit der Schifffahrt. Mit 46 heuerte sie wieder an. Ständig änderte sich ihr Leben: die beiden Kinder erwachsen, eine Scheidung, Abstand bekommen auf Sylt, eine neue Partnerschaft, weitere drei Jahre an Bord für eine Reederei, erst als Stewardess, dann als Chef-Steward. Sie versorgte die Offiziersmesse, hatte aber auch die Verantwortung für die Wäscherei. »Eigentlich war das alles Hausfrauenarbeit, nur einfach im großen Stil«, sagt sie lachend.

Lotti Hellberg blieb der Branche treu, leitete Restaurants, Bars, einen Fitness-Club. Dann entschied sie sich fürs Reisen auf dem Landweg: In der Wahlheimat Schweden managte sie ein Lokal über zwei Etagen in einer Einkaufspassage, in Berlin führte sie mit ihrem Mann Dieter, gelernter Koch, ein Restaurant im Kreuzberger Quartier Riehmers Hofgarten. Pendeln: Wenn sie in Malmö ankam, morgens um sechs, begann ihr Job. Als sie damit aufhörte, war sie 64.

Ins Café am Schlachtensee kamen sie und ihr Mann durch Vermittlung von Gastro-Freunden. »Jetzt sind wir seit sechs Jahren hier und arbeiten während der Saison täglich von morgens bis abends.« Rente? Viel zu langweilig. Ihr Arbeitsplatz hat Geschichte, der Bootsverleih existierte schon 1890. Heute ist das Gelände, ein paar Gehminuten vom S-Bahnhof Schlachtensee und einst über lange Jahre vernachlässigt, im Wortsinn aufgemöbelt: der Steg erneuert, Sitzgelegenheiten auch unterm Hüttendach.

Wer mit der Verpflegung aufs Wasser will, mietet ein Boot für 15 Euro die Stunde. Wer laufen will, nimmt die fünfeinhalb Kilometer Uferrundweg. Wer seine Ruhe will, bleibt. Die Open-Air-Saison dauert von April bis Oktober. Die Mittsiebzigerin kündigt immer mal an, das sei ihr letztes Jahr hier. Dann kommen die Gäste, die meisten wegen ihrer Kuchen, und sagen: Es schmeckt hier so gut! Also vertagt Lotti ihren Traum: nochmal aufs Meer für einen Törn. Mit dem Kreuzfahrtschiff? »Nein, mit einem Segelschoner.« Ein Windjammer darf es schon sein.

Bootsverleih am Schlachtensee, Marinesteig 6b, 14129 Berlin-Zehlendorf, www.bootsverleihschlac.wixsite.com/hobbies

BREW
THE GOOD SH
BREWDOG

NOCH 'N BIERCHEN? 8

BREWDOG DOGTAP MARIENDORF

Vor der Anreise stellen sich für alle, die nicht in der Nachbarschaft wohnen, vermutlich zwei Fragen: Wie komme ich dort raus? Und wie danach wieder nach Hause?

Es wäre sicher besser, wenn es ab S-Bahn oder Bushaltestelle nicht noch 15 Minuten Fußweg wären zum Marienpark. Wenn man nicht mit dem Auto eine dreiviertel Stunde rausfahren und für die Rückfahrt jemanden dabeihaben müsste, der am liebsten alkoholfrei trinkt. Zu »BrewDog«, einem Brauhaus mit riesiger Gastro- und Freizeitfläche, mit Terrasse und ausgedehntem Biergarten, fährt vor allem, wer Craft Bier und üppiges Snackfood liebt. So viel schön angelegten Draußenplatz vor norddeutscher Backsteingotik, so viel Restaurant mit Bar, Shop und Raum für Freizeitvergnügen gibt es nirgendwo sonst in der Stadt.

Allein der ungeheuer weite Standort mit Industriedenkmal lässt staunen. Das Gaswerk im Tempelhofer Ortsteil Mariendorf entstand 1900 – damals das größte der Stadt, geschaffen, um den Berliner Süden zu versorgen. Als von Stadt- auf Erdgas umgestellt wurde, waren auch die 25 Gebäude überflüssig; der Standort wurde 1996 stillgelegt, aber erhalten und ist heute ein Gewerbepark.

Vor zwölf Jahren hatte der Amerikaner Greg Koch, Gründer einer der größten Craft-Brauereien der Staaten, die Idee, den Deutschen zu zeigen, wie gutes Bier jenseits des überkommenen Reinheitsgebotes schmeckt. Er baute die ehemalige »Reinigungshalle 1« um: Brauerei, dazu Restaurant und Biergarten. Stone Brewing scheiterte in Berlin nach ein paar Jahren mit wohl etwas zu speziellen Bieren. Dafür stieg ein anderer Craft-Bier-Riese ein: BrewDog aus Schottland kaufte die Brauerei, bedient von dort aus nun den deutschen Markt und betreibt den Gastro-Standort weiter – mit einem gefälligeren Bier-Angebot und Soulfood-Küche, mit enormem Raum für Großveranstaltungen, Partys, Business-Events oder Private Dining, Familienfeste oder gesellige Treffen.

Klingt nach Masse, hat aber Klasse. Die 4000 Quadratmeter Außenfläche sind mehr Landschaftspark als landläufiger Biergarten. Der Weg vom geschotterten Parkplatz führt über Natursteinpflaster unter Obstbäumen und Ahorn entlang, zwischen Sommerflieder und Lavendel, Nadelgehölzen und Horten-

sienbüschen zu einer Anlage mit felsenbegrenzten Staudenbeeten, Einzeltischen und Liegestühlen. Zu einer gepflasterten Terrasse, über der helle Sonnensegel gespannt sind vor der roten Backsteinfassade und den bleiverglasten Sprossenfenstern. Man guckt ins Grüne oder auf das hohe Gerippe des alten Gasometers.

Dominik Tosch, Gastrochef bei BrewDog Deutschland, kennt seine Klientel. 80 Prozent kommen der Biere wegen und um zu probieren, aus 60 Hähnen wird gezapft. BrewDog braut offenbar nicht am hiesigen Geschmack vorbei. »Wir bauen eine Brücke zu den gewohnten Biersorten«, sagt Klie. Das schaffen sie mit süffigem hellem Zwickelbier oder hopfenaromatischem Punk IPA mit um die fünf Prozent Alkohol. Oder dem etwas trüberen New England IPA, fruchtig, nicht so bitter und schwer im Kommen. Alkoholfreies Lager boomt, immer mehr auch Weißbier ohne Prozente. Wer will, kann bei BrewDog alles über Craft-Bier lernen, Brauereiführungen und Workshops mitmachen, gratis verkosten.

7500 Quadratmeter Gastro-Bewirtschaftung, mehr als 60 Mitarbeiter, Full Service, um die 2800 Tagesgäste pro Woche – die Manager fühlen sich am richtigen Ort. Beide können Bier, na klar. Betriebsleiter Dominik Tosch, gelernter Koch, in Lankwitz aufgewachsen, arbeitete beim Lindenbräu am Potsdamer Platz und im Hofbräuhaus am Alex. Adrian Klie stammt aus dem Weserbergland, verliebte sich ins Hopfen-und-Malz-Thema schon mit 16 bei einer Brauereiführung und kam über die langjährige Vertriebsarbeit bei der US-Brauerei Anheuser-Busch zu BrewDog. Braumeister ist Sebastian Feind, zuvor unter

Dominik Tosch

anderem bei Hasseröder. Ihre Aufgabe: »Biere zu erklären«.

Und mit dem richtigen Soulfood den Geschmack der Berliner zu treffen. Mit »Snacks« für Fleischfans: Pommes mit Buttermilch-Hähnchen oder glasierten Schweinerippchen, mit Wiener Schnitzel oder Rib-Eye-Steak, mit Chicken-Wings oder Burgern. Das vegetarische und vegane Angebot macht die Hälfte aus: knusprige Blumenkohl-Wings und Pizza mit Saitan und Pilzen, Superfood-Salat mit Quinoa und Süßkartoffeln, Jackfruit-Burger im roten Brioche-Bun. Aromastarkes Bier verlangt nach deftigen Speisen. Beides können sie hier bekommen. »Farm-to-Table-Junkfood«, nennt es die Karte. Die BrewDog-Woche ist klar getaktet, der Montag vegan, der Mittwoch stark besuchter »Wings-Day«, der Donnerstag stellt neue Biere vor, am Wochenende ist Familien-Brunch. Klar gibt's auch Softdrinks.

Hört sich nach Binge-Eating für Couch-Potatoes an, aber in der Halle wartet das Gegenteil: Tischtennis und Minigolf, Riesenschach und Shuffle-Boards, Duckpin-Bowling und Flipper. »Craft-Bier ist eben was Geselliges«, sagt Dominik Tosch. Wer's schafft, sich loszureißen: Für Fußlahme oder Schwankende gibt's am Eingang einen Knopf. Drücken – und das Taxi kommt.

BrewDog DogTap Mariendorf, Im Marienpark 23, 12107 Berlin-Mariendorf, www.brewdog.com

Café am Engelbecken

FRÜHSTÜCK IN DER LUISENSTADT

9

CAFÉ AM ENGELBECKEN

Ein später Morgen an einem sonnigen Tag ist vielleicht die entspannteste Zeit, um in Kreuzberg, an der Peripherie zu Mitte, frühstücken zu gehen. In einer von Klinkermauern umgebenen Senke. Es herrscht Ruhe – bis auf ein beruhigendes Plätschern. Die 16 Fontänen im Engelbecken, die auf bis zu acht Meter in die Luft steigen können und ordentlich Lärm machen, blubbern auf Halbmast – zum Schutz der Anwohner in den spätklassizistischen Häusern und Neubauten rundherum. Als ein Gartenbaumeister im vorletzten Jahrhundert das Fontänenspiel erdachte, spielte Lärmschutz keine Rolle.

Im Schilfstreifen, der sich vor dem Holzponton der Café-Terrasse und zu beiden Seiten entlang des kiesbelegten Ufers zieht, ist Zoostunde: Blesshühner putzen ihr Gefieder, Enten jagen übers Wasser. Die Schwäne haben vier halbwüchsige, grau-braune Junge und lassen sich von Passanten am Ufer füttern. Ein schwarzer Kormoran landet am Entenhaus mitten im See. Frühstückszeit. Der Caffè Latte wird eben serviert, das »Engel-Frühstück«, eine Platte für zwei, reicht für drei. Einmal entspannt grinsen und das Gesicht in die Sonne halten: ein Gefühl wie in der Sommerfrische.

In Wirklichkeit ist nichts hier naturgeschaffen, alles stand unter Wasser. Das Engelbecken ist Teil des »Luisenstädtischen Kanals«, einer Anlage, die der große Stadt- und Gartenplaner Peter Joseph Lenné im Auftrag von Preußenkönig Friedrich Wilhelm IV. ab 1848 bauen ließ. Eine Wasserstraße, die die Spree im 90-Grad-Knick mit dem Urbanhafen im Landwehrkanal verbinden sollte, als Transportweg, als Stadtentwässerung, überspannt von zwölf Brücken. Ein Graben, 2,3 Kilometer lang, 22,5 Meter breit. Gut als Arbeitsbeschaffungsmaßnahme für 5000 Mann. Der auf der Spitze der Sankt-Michael-Kirche thronende Erzengel guckt sich die Szenerie mit Blick nach Westen an.

Der Kanal blieb nur gut 70 Jahre. Zu wenig Schiffsverkehr, das Wasser stand und stank. 1926 ließ der Berliner Magistrat die Rinne mit Schutt aus dem U-Bahn-Bau verfüllen. Der Großberliner Stadtgartendirektor Erwin Barth kon-

Cheena Riefstahl

zipierte für die trockengelegte Senke eine Grünanlage, ein Idyll für Flaneure mit Sitzecken, Veranden, Brunnen, Wasserrinnen. Er ließ Rasen anlegen, Ziergärten und rosenbewachsene Pergolen. Das Becken blieb als Mittelpunkt, schon damals mit Fontänen. Umgesetzt wurde nur ein Teil seiner Ideen – aus Kostengründen.

Der Zweite Weltkrieg nahm der Anlage all ihre Pracht: Der Kanal wurde mit Trümmern verfüllt, nach dem Mauerbau ließ die DDR Becken und Wasserlauf planieren, das Gelände wurde Teil des Todesstreifens. Nach der Wende erfolgte die Sanierung Stück für Stück. Lennés Gedanke lebte wieder auf: Wasser als gestalterisches Element in der Stadt, eine Grünfläche zur Naherholung. Der immergrüne Teil mit hohen, blühenden Gehölzen ist wieder da und der Rosengarten mit seinem betörenden Duft. Mittendrin in der Senke das Wasserbecken.

Wer Lust hat, geht von der Schillingbrücke an der Spree, nicht weit vom Ostbahnhof, entlang der Lindenbäume im Engeldamm, biegt ab am Leuschner- oder am Legiendamm, überquert den Oranienplatz, schlendert den Erkelenzdamm hinunter in Richtung Landwehrkanal. Ein netter Spaziergang.

Ein Stopp im Café am Engelbecken sollte drin sein. Die Inhaber Cheena Riefstahl, 44, und Akin Aydogan, 56, der eine ein Profi aus dem Eventmanagement, der andere Gastronom und lange Jahre Barkeeper, betreiben die Location seit 2005. Sie brauchten einen langen Atem: in der Anfangszeit, als das Café nicht über ein Container-Provisorium hinauskam, später, als das absackende Engelbecken-Ufer befestigt wurde oder in den 14 Monaten vom Denkmalschutz überwachter Bauzeit, als endlich ein festes Gebäude für das Café entstehen durfte. Cheena Riefstahl zeigt Fotos aus der Anfangszeit 2003: Maschendrahtzaun, Schuttrampe, von Pergolen keine Spur. »Hier war tote Hose«, sagt er. Kein Spaziergänger, die Linden wurden gerade gepflanzt. »Wir haben das Areal mit Spitzhacke und Schaufel erst begehbar gemacht.« Nach fünf Jahren hatte sich die provisorische Location als neuer Genuss-Ort am Wasser etabliert. Erst 2010 konnte es in einem Neubau richtig losgehen.

Geöffnet ist das ganze Jahr über. »In einem sonnigen März starten wir schon vor den Strandbars«, sagt Riefstahl. Draußen, auf dem Uferstreifen zu beiden Seiten der bestuhlten Ponton-Terrasse, von morgens bis abends sonnenverwöhnt, ist Platz für bis zu 350 Gäste. Perfekt fürs späte Frühstück, für die kleine Mittagspause mit Thai-Food vom Lieferservice gegenüber, einem frischen Salat oder einem dick belegten Toast aus der Café-Küche, für den Kuchen zum Latte am Nachmittag oder, wenn es Abend wird am Engelbecken und die Wasserfontänen verstummen, für einen Cocktail.

Jetzt ist es Mittag, sonnige 27 Grad im Juni, leichte Brise. Die Sonnenanbeter liegen am Ufer und lassen die Beine ins Wasser baumeln. Auch der schwarze Kormoran nimmt ein Sonnenbad – mit ausgebreiteten Flügeln auf dem Kuppeldach inmitten des kleinen Sees.

Café am Engelbecken, Engelbecken 1Z, Michaelkirchplatz, 10179 Berlin-Kreuzberg, www.cafe-am-engelbecken.de

LANDHAUS MIT BIERGARTEN

10

CAFÉ AM NEUEN SEE

Die Geschichte, wie er die beiden alten Schutzbunker mit ihren vier und sechs Meter dicken Mauern vor ein paar Jahren hat wegsprengen lassen bei laufendem Restaurantbetrieb, erzählt Roland Mary gern. War ja auch ein Ding. Gäste und Mitarbeiter mussten nur kurz raus aus dem Café. »Dann machte es einmal kurz: buff!« Staubwolke – und die Leute konnten zurück an ihre Tische. Die Bunker waren ein Problem, der Grund, warum Mary, stadtbekannte Größe unter Berlins Gastronomen, aus einem Flachdachbau mit angeschlossenem Biergarten über Jahrzehnte kein ordentliches, großes Restaurant machen konnte. Zu wenig Platz! »Auf Dauer hat das nur als Biergarten funktioniert«, sagt er. Doch nun stapelt Westberlins liebster Freiluftort nur noch im Namen tief: das »Café am Neuen See«.

Roland Mary gehört das Café seit 1994. Der Mann gilt als durchsetzungskräftig, denkt groß, ist nicht nur Betreiber des bei der Prominenz beliebten Restaurants »borchardt« in Mitte, er war auch Wegbereiter für das Sanierungs- und Hotelprojekt »Telegraphenamt« mit dem Restaurant »Root« Nähe Museumsinsel. Sein Café im Tiergarten konnte auch die Pandemie nicht lahmlegen; im Sommer 2021 war Wiedereröffnung unter Coronaregeln. Im schönsten idyllischen Winkel des Botschaftenviertels steht nun ein neu gegliederter Neubau mit offener Küche, die dreimal so groß ist wie zuvor. Die den SB-Pavillon mit Grill, Ausschank, Pizzastand, Eis- und Kuchendiele mitbedienen kann, dazu ein Restaurant, Typ urbanes Landhaus, für um die hundert Gäste, gemütlich mit Loungesofas, mit Buchenholz beheizten Kaminen und riesiger Terrasse. Neu ist auch die rundum verglaste Scheune für Events mit Blick auf 250 Quadratmeter Garten und den See.

Hier findet jeder seines. Mary legt Wert auf regionale Produkte und meint das wörtlich. Vieles kommt von seinem eigenen Landgut im Müritz-Nationalpark, wo er Gänse und pommersche Rauhaarschafe züchtet. Bio-Eier lässt er von dort liefern, Lammhaxe, Hähnchen oder die Wildwurst nach eigener Rezep-

Roland Mary

tur. Das Natursauerteigbrot kommt aus der hauseigenen Bäckerei – lang geführter Teig, lockere Krume. .

Frühstück im Café gibt's täglich ab 9 Uhr bis in den Nachmittag hinein. Frisch gepresste Säfte, Detox-Cocktails, hausgemachtes Granola. Oder Hummus, Avocadocreme, Bio-Ei zum Sauerteigbrot aus der hauseigenen Bäckerei. Oder auf Levante-Art: Salat, gebratene Pilze, pochiertes Ei, Rinderhack, Perlzwiebeln. Dreierlei Sorten Pancakes und auch Bagel müssen sein.

Mediterrane Landhausküche steht zum Lunch oder Dinner auf der Karte. Burger nach Art des Hauses, heißt: 180 Gramm-Patty vom Black Angus-Rind mit Käse und Bacon. Label-Rouge-Hähnchen vom Grill mit Krautsalat. Ragout vom Lamm aus eigener Zucht. Ganze Forelle. Hausgemachte Pasta.

Die Klassiker für den Biergarten sind zeitlos: Steinofenpizza mit besonders dünnem Knusperteig, Leberkäs' der Berliner Metzgerei Bünger und hausgebackene Brezeln oder Bio-Bratwurst. Gezapft wird bayerisches Bier. Im Ausschank sind außerdem diverse Sorten selbst gemachter Limonade, selbst Cola nach eigener Rezeptur, alles auch im 1,5-Liter-Humpen zu haben.

Wenn er vor Ort ist, achtet Mary offenbar auf jedes Detail, zum Beispiel darauf, dass zur Orangenlimo als Aromaten getrocknete Fruchtscheiben gehören, nicht frische wie sonst wo. Neuerdings lässt er auch das Speiseeis selbstmachen. »Aus natürlichen Zutaten«, wie er sagt, und bestellt gleich mal acht Kugeln verschiedener Sorten zum Probieren. »Schmeckt nur, wenn's frisch ist.«

Den Leuten gefällt's; an diesem heißen Sommermittag ist die Terrasse voll, der Biergarten zu gut der Hälfte besetzt, zum Abend hin werden es weit mehr sein. Sitzen und genießen darf man hier bis nach Sonnenuntergang, wenn die Lichterketten zu leuchten beginnen. Eine bunte Publikumsmischung, null Schickimicki, kein Remmidemmi. »Zu uns kommen einfach alle«, sagt Mary, »der Biergarten hier ist ein Ort der Begegnung ohne soziale Vorgaben.« Läuft also. Der Erfolg steht und fällt für ihn mit guten Produkten. Gourmetküche muss nicht sein. »Aber kontinuierlich gute Qualität ist wichtig.«

Der Neue See war einmal nichts als ein Schafgraben im Großen Tiergarten, Berlins grüner Lunge. In den 1830er Jahren legte Gartenarchitektur-Papst Peter Joseph Lenné ihn an, mit diversen Inselchen. Einen Biergarten samt Bootsanleger gab es am Ostufer schon seit 1896, im Sommer Naherholungsziel für viele, im Winter eine Eisbahn für alle. Ein Bildmotiv selbst für den Maler Lovis Corinth, dessen Atelier sich in der Nähe befand. Den Neuen See mit Bootshaus und dümpelnden Kähnen aber hat er an einem düsteren Tag und menschenleer gemalt, braun und grün, der Himmel wolkenverhangen, im See spiegeln sich an einer Schnur aufgereihte bunte Flaggen aller Nationen. Was ihm wohl heute einfiele zu diesem belebten Ort? Wilde Farben wie am Walchensee? Heitere wie auf seinem Gemälde vom Ostpreußischen Schlosspark?

Café am Neuen See, Lichtensteinallee 2, 10787 Berlin-Tiergarten, www.cafeamneuensee.de

NACHHALTIGES ERLEBNIS *11*

CAFÉ BENJAMINE

Vom Halbrund der Terrasse fällt der Blick auf die gezähmte Wildnis des Waldgartens: lila blühen Rhododendren, weiß die Glockenblumen zwischen wuchernden Bodendeckern. Farne spreizen sich im Schatten, an Kiefernstämmen bildet Efeu dicke Polster. Die Wiese duftet. Ein stetes Plätschern bereichert die Stille: Hinter der Hecke reckt sich die Bronzefigur des Tänzerinnenbrunnens der Sonne entgegen, von Fontänen umsprüht.

Geborgen sitzt es sich auf der Terrasse oder im Schutz der Hauswand oder auf der Wiese des Café-Restaurants »Benjamine« am Kolbe-Museum mit Blick auf den Garten des berühmten Bildhauers und seine Skulpturen. Ein Kulturort, ein sinnliches Erlebnis. Die neuen Macher der Gastronomie wollen umfassenden Genuss vermitteln: für Augen, Gaumen, Nase, Ohren.

Jasmin Hein, und Markus Mahla, lieben Dinge mit Tradition. Sie setzen abseits der tosenden Heerstraße ein stimmiges Konzept um und ziehen die unterschiedlichsten Gäste an. Da kommen neue Nachbarn beinahe täglich zum Frühstück, Malgruppen stärken sich nach dem Kursus, Spaziergänger entdecken den Ort neu, Museumsbesucher bleiben noch ein bisschen. Und immer häufiger buchen sich Gruppen für private Feste ein.

Mahla und seine Partnerin Jasmin Hein sind Quereinsteiger. Die Hermsdorferin, Wirtschaftsingenieurin mit Fachrichtung technische Chemie, jobbte viele Jahre in der Gastronomie, kam im früheren »Café K« des Kolbe-Museums an, blieb als Restaurantleiterin, bis der alte Pachtvertrag auslief und beschloss, es sei Zeit für ein eigenes Projekt – genau dort. Das gelang mit ihm: Markus Mahla, Mediensoziologe und lange Geschäftsführer für Firmen wie Polaroid und Logitec. Zwei, die sich gefunden haben: Er isst und kocht gerne, sie ist die perfekte Gastgeberin. Das »Benjamine« betreiben sie als feines Bistro. Das Zehlendorfer Café im »Haus am Waldsee« ist ein zweiter Standort (s. S. 95).

Zum »Benjamine« geht es durch eine dezente Gartenpforte. Die Stiftung des Kolbe-Museums hat das frühere Wohnhaus der Künstlertochter mit Geldern der Lottostiftung saniert, in die Gastronomie im Erdgeschoss investierten die Pächter selbst und folgten bei jedem Detail dem Original: beim rotbraunen

Markus Mahla, Jasmin Hein

Parkett, dem müden Olive-Pastellton der Wände, dem dunklen Blaugrau der Tür, dem Arrangement der Vintage-Leuchten, dem reduzierten Tresen, an dem ein gelernter Barista arbeitet. Das Mobiliar für Terrasse und Garten orientiert sich am Farbschema des Interieurs. Alles ist mit Bedacht gewählt.

Beim Küchenkonzept – frisch, regional, saisonal – wollen Hein und Mahla mehr: Sie setzen auf Nachhaltigkeit, den Bio- und Zero-Waste-Gedanken. Das besondere Frühstück zu moderatem Preis und jede Woche anders, ist den ganzen Tag zu haben, vegan wie »benjamines Blumenbeet« oder üppig wie »Frühstücksplatte Kolbe« mit Käse, Schinken, Ei und Wurst aus der Region. Granola, vegan mit Agavendicksaft gebacken, wird hausgemacht, Tee, Kaffee, Schokoladen stammen aus fairem Handel. Die Köchin streicht aufs Krustenbrot leuchtend grünes Erbsenmus statt Avocado, bringt mit Rote-Bete-Mousse, purpurner Karotte und Brombeere lila Laune auf den Teller.

Trotz wechselnder Karte – etwa die Hälfte ist vegetarisch – bleiben die Klassiker: Ofengemüse mit gerösteter Tomatensoße, »Kolbes Tessiner Ragout«, Sommerquiche mit Meeretttichschmand, Drillinge mit Quark und Leinöl oder die

»Boulette Benjamine« mit Cannellini-Bohnen und Gemüse im Rinderhack. Täglich drei frische Suppen müssen sein. Blechkuchen und Cookies satt reihen sich auf Paletten unter gläsernen Cloches, am Wochenende gibt's Käse-Mascarpone-Torte nach Hausrezept oder einen Affogato, eine Kugel Eis in Espresso. Die Getränke liefert Berlin – von »Ostmost« bis »Proviant«, von »Quartiermeister«-Bier bis zum Berliner Malz im Keller. Aber der Wein muss aus Mahlas alter Heimat, dem Rheingau, sein, aus dem Veneto oder aus Österreich.

Denn in Wien macht der Manager Mahla noch mehr, als Teilhaber des »Supersense«, eines Kulturkaufhauses der analogen Waren: eine Druckerei mit alten Maschinen, Kalligrafie, Polaroid-Fotografie, individuellen Dufterinnerungen, abgefüllt in Ampullen. Ein Ort, an dem Schallplatten geschnitten und produziert werden. Auch an diesem Konzept ist Markus Mahla beteiligt und erzählt so begeistert, dass man fürchtet, er werde jede Minute mit wehendem Bart an die Donau davoneilen.

Vom Wiener Projekt war das Berliner Kulturkaufhaus Dussmann so überzeugt, dass es einige Ideen übernahm: Tonstudio, Schallplattenschnitt, Druckerei, das nostalgische Erlebnis Polaroid. Kleine Kooperation: Jetzt gibt's auch im »Café Benjamine« eine Kulturecke, ein bisschen Bibliothek mit Bestsellern, Jazz auf Vinyl, regionale Schnäpse und mehr.

Schmecken, riechen, fühlen, sehen, hören als entspannendes Erlebnis, das setzen die Gastgeber in ihrem »Benjamine« um. Perfekt vor oder nach einem Museumsbesuch – oder einfach als Abstecher für alle, die ihre Ruhe haben und lecker essen wollen.

Café Benjamine, Sensburger Allee 26, 14055 Berlin-Charlottenburg, www.cafebenjamine.de

Vitamin Kick
frisch gepresst
0,2 = 2,90
0,3 = 3,90
APFEL +
INGWER
KAROTTE

PIPPI LANGSTRUMPFS GARTEN

12

CAFÉ EULE AM GLEISDREIECK

Als sie den Container auf dem Marktplatz eröffnete, an einem Sonntag vor zwölf Jahren im Mai, war das Café noch kein richtiges und der Marktplatz noch nicht der Rede wert. Es gab vier gesponserte Stühle als Sitzgelegenheit und ein paar Holzkisten. Keinen Strom, kein Wasser, nur ein paar Bäume und viel Wildwuchs. Aber es machten gleich eine Menge Besucher Halt, vor allem Radler. Und Kristiana Elig war glücklich. Sie hatte sich Stoffschmetterlinge ins Haar gesteckt, reichte Kaffee und Limonade und selbst gebackenen Kuchen.

Längst ist das »Café Eule« eine feste Größe, bekannt über Kiezgrenzen hinaus, sogar in einem niederländischen Schulbuch kommt es vor. Es liegt, noch immer mit viel Laubenpiepercharme, rund um die zwölfjährige Eiche im gepflasterten Zentrum eines Kreuzberger Unikums, der Kleingartenanlage POG, Unterbezirk 14, im Gleisdreieckpark, Herz einer geschützten Dauerkolonie.

Anfang der 2000er Jahre sollte ein Großteil der 75 gewachsenen Parzellen weg, vom Bezirk geopfert werden für einen Sportplatz. Es folgte der Aufstand der Kleingartenbetreiber unter der Ägide ihres Vorsitzenden Klaus Trappmann, eines Alt-68ers, hartnäckig und geschickt genug, in jahrelangen Verhandlungen mit der Stadtentwicklungsverwaltung und Grün Berlin durchzusetzen, dass die Gärten im Garten bleiben durften – als fester Teil des Gleisdreieckpark-Konzeptes mit Bestandsschutz. Eine Kolonie, die sich im Gegenzug öffnen musste für alle Parkbesucher. Deshalb darf nicht nur jeder rein, es gibt auch Programm: Garten- und Kräuterführungen, Projekte mit Imkern und den Kinderlehrgarten »Baumschlau«, Kunstausstellungen und offene Gärten im Rahmen des »Langen Tages der Stadtnatur«, zwei interkulturelle Gemeinschaftsgärten, einer davon stilecht bewirtschaftet von Koreanerinnen. Und eben ein öffentliches Café auf dem Marktplatz.

Als Kristiana Elig ihre eigene Parzelle vor 15 Jahren zur Pacht bekam, war sie TV-Redakteurin, zuständig für Schlagersendungen. Nach dem ersten Kind befand sie, ein Ausgleich zu Familie und Beruf wäre eine Idee. »Ich wollte ein

Kristiana Elig

Friedhofscafé, aber ein lustiges.« Dann kam der Plan mit dem Marktplatz-Treff.

Die Café-Eule-Theke wurde in einem Open-Side-Überseecontainer, 7,5 mal vier Meter, installiert, den ein Schwertransporter lieferte. Starkstrom und Wasser gelegt, die Front holzverschalt. Drüber ein grün-weißes Zeltdach wie ein Zirkus, Wimpel schaukeln über der Vitrine. Ein Jahr lang war nur am Wochenende offen, im vierten Jahr wusste Kristiana Elig, das ist ein Fulltime-Job, von März bis Ende Oktober.

So etwas ohne große Investitionen umzutreiben, schafft eine gute Netzwerkerin wie sie. Dass ein Großmarkt Pflanzen und Sämereien für Kästen und Kübel spendet, dass der Nabu sich einspannen lässt, dass die Schrebergärtner bei Clean-Up-Aktionen mitmachen oder die Stiftung Naturschutz mit ins Boot kommt für Aktionen. Dass Gartenflohmärkte stattfinden oder in der Ecke neben dem Container Lesungen.

Das Café Eule wirkt wie der Spielplatz von Pippi Langstrumpf: Recycling-Mobiliar, Plastiksessel und bunte Gartenbänke, Sperrmülltischchen und hölzerne Klapp-Liegestühle und aus Holzpaletten gezimmerte Konsolen mit wild bepflanzten Zinkkübeln drauf. Kristiana Eilig, eine fröhliche Frau mit dunklen Locken, großer Brille und heller, junger Stimme, streift zufrieden durch ihr Refugium. Jede Nische, jede Bank ist an diesem Nachmittag besetzt: Mamis mit Kindern aus dem Kiez, in Lektüre vertiefte Koloniebewohner, die

Beine hochgelegt, Jogger, die sich eine Limo-Pause gönnen, Spaziergänger, die zum Kaffeeplausch einkehren, Geschäftsleute, die sich eine schnelle Quiche mit Salat schmecken lassen. Man sitzt, umgeben von Wildwuchs, Hortensien und Rosenhecken, Holunder und Hopfenranken, unterm im Kübel wachsenden Apfelbaum, neben Teichpflanzen in der Zinkwanne. Im Vorbeigehen richtet Kristiana Elig ein paar umgeknickte Binsen auf. Sie sagt: »Die Brennnesseln bleiben stehen – für die Zitronenfalter.«

Mittlerweile bietet sie eine nette, saisonal wechselnde Karte: frisch gepresster Apfel-Ingwer-Karottensaft, hausgemachte Limonaden mit Ingwer, Zitrone, Minze, Limette, Holunder. Ihr Kaffee kommt von lokalen Röstereien. Der Mittagstisch ist abwechslungsreich: Bio-Quiche oder -Pizza, Teriyaki-Röllchen, Lasagne oder Couscous-Taboulé kann man sich am Tresen aussuchen, dazu Salat. Viele sind überrascht, dass es so günstigen Lunch gibt. Oder Gebäck und italienischen Kuchen; die Frischkäse-Tarte am Wochenende macht Elig selbst. Selbst an sonnigen Wintertagen ist im »Eule« Betrieb bei Holunderpunsch auf Kuschelfellen und Kissen neben der Feuerschale.

Nicht immer ist hier im Sommer Bullerbü, oft werden Pflanzen ausgerupft, manches findet Kristiana Elig zerschlagen vor. Anfangs ließ sie das verzweifeln, heute trägt sie es mit Fassung, aber schafft es, ihre Gäste freundlich zu erziehen. Gegen 19 Uhr trollt sich auch der Widerspenstigste, dann werden die Möbel abgeseift, alles ist patschnass. Und tschüss, bis morgen!

Café Eule am Gleisdreieck, Eingang Bülowstr. 69a, Park am Gleisdreieck, 10783 Berlin-Schöneberg, www.cafe-eule-berlin.de

GUTHMANNS ERBE 13

CAFÉ IM GUTSHAUS NEUKLADOW

»Wer hat schon solch einen hinreißenden Arbeitsplatz?« Mark Lackmann sitzt an diesem Sommerabend vor der Guthmannschen Villa, an den Nebentischen die letzten Gäste. Vielleicht ist die Wiese auf dem Plateau im glutheißen vergangenen Sommer nicht mehr so grasgrün wie in all den Jahren zuvor, aber der Blick von dort oben hinab auf die Havel, wo unzählige Segelboote kreuzen und die Fähren fahren, ist atemberaubend wie immer. Ein wunderbarer Ort mit öffentlichen Spazier- und Radwegen, umgeben von einem großen, wild wuchernden Park. Ein Ausflugsziel mit Kulturgeschichte und eines, um das seit Jahren in Anwohnerinitiativen gekämpft wird: Ruhe oder Ausbau, Erschließung oder Natur pur?

Tage könnte man hier damit verbringen, durchs Hügelgelände zu streifen, auf einer Anhöhe zu sitzen oder am Ufer, die Café-Küche zu genießen, Ausstellungen, Lesungen, Theater zu besuchen. Das Gutshaus im Gutspark Neukladow hat allenfalls einen Nachteil: Es liegt ganz weit draußen, am südlichsten Zipfel Spandaus.

Die gelbe Villa, das Herrenhaus auf dem Plateau des früheren Lehnschulzengutes Neu-Cladow, ließ Anastasius Ludwig Mencken 1800 bauen, königlich-preußischer Kabinettssekretär unter Friedrich dem Großen. Seine Tochter Wilhelmine Louise Mencken, Mutter des späteren Reichskanzlers Otto von Bismarck, lebte dort bis 1806.

17 Mal soll der Besitz später den Eigentümer gewechselt haben, ehe 1887 der Zementfabrikant Robert Guthmann Haus und Gelände kaufte. Rein wirtschaftlich rächte sich die idyllische Lage: Pläne, einzelne, mit Villen bebaute Grundstücke an Berliner Großbürger zu verkaufen, scheiterten an der schlechten Verkehrsanbindung.

Ein Kulturort wurde das Gutshaus erst, nachdem Guthmanns Sohn Johannes, Kunsthistoriker, Schriftsteller und Sammler, es vom Vater erhielt. Er ließ es vom Architekten Paul Schultze-Naumburg modernisieren – die halbrunde Veranda an der Ostseite des Gebäudes stammt aus der Zeit, außerdem die beiden neoklassizistischen Torhäuser am vornehmen Parkportal, sogar ein Naturtheater ließ er anlegen.

Gérard Cooray (l.) und Mark Lackma

Johannes Guthmann war ein Schöngeist. Literatur, Musik, Schauspiel und Bildende Kunst waren sein Lebensinhalt in sich rasch wandelnden Zeiten. Zu seinem Freundeskreis gehörten wichtige Künstler, etwa der Maler Max Slevogt, der den Gastgeber porträtierte, Villa und Park in seinen impressionistischen Gemälden festhielt. Guthmann, ein brillanter Netzwerker, der das Who is Who der Kulturszene um sich scharte, zu heiteren Tafelrunden und Salons in sein Wohnhaus lud: Bildhauer August Gaul, Schriftsteller Gerhart Hauptmann, Regisseur Max Reinhardt, Schauspielerin Tilla Durieux, den späteren Außenminister Walther Rathenau.

Durch ihn sei »Neu-Cladow« ein »Ort der Muße und Musen« geworden, sagt Miriam-Esther Owesle, Kunsthistorikerin und Autorin, die zu Guthmanns Traum vom Arkadien an der Havel geforscht hat. Dieser Traum lebt weiter: Mit der Guthmann-Akademie unter ihrer Leitung und in Zusammenarbeit mit dem Bezirk, Berliner Museen und Galerien veranstaltet sie kulturgeschichtliche Salons, Seminare und Ausstellungen in der Villa und unter freiem Himmel. Haus und Park sind weiter ein Ort für Musik, Theater, Kleinkunst und Workshops. Und einer, an dem man mit Ausblick gut essen und trinken kann.

Seit neun Jahren leitet Mark Lackmann, gelernter Hotelmanager, das Café im Gutshaus, ein Restaurant mit Kaminzimmern, kleinem Theatersaal und 120

Plätzen draußen für Firmenfeiern, Familienfeste und Hochzeiten. Als er den Eventmanager Bork Melms kennenlernte, seit 2017 Pächter des Neukladower Cafés, kam Lackmann gerade aus dem Ausland zurück und wollte wieder fort. Melms zeigte ihm das Gutshaus – und Lackmann blieb kleben. »So sehr hat mich dies hier gefesselt.«

Seinen Küchenchef Gérard Cooray aus Sri Lanka, der schon auf der Hardthöhe gekocht hat, wollte er eigentlich anheuern, um junge Köche fürs Gutshaus anzulernen. Ein Glücksgriff, Cooray blieb. Nun sind die beiden ein festes Team, servieren den Gästen ordentliche Hausmannskost: Königsberger Klopse oder Kürbis-Birnensuppe, Matjes in leckerer Sauerrahmtunke oder Flammkuchen, so üppig, dass sie für zwei reichen. Wöchentlich wechselt die Sommerkarte. Kuchen und Torten liefert die Berliner Konditorei Engelmann: Rhabarber-Baiser und Käse-Schmand mit Mandarinen, Cheesecake oder eine satte Himbeer-Sahnetorte, Zitronenkranz und Pflaumenstreusel.

Von Ende Oktober bis Ende März ist für Gutshaus-Gäste zwar nicht mehr Draußen-, aber dafür Kamindinner-Saison. Für den Winter haben Lackmann und sein Küchenchef sich wechselnde Drei- und Viergang-Menüabende mit Live-Musik einfallen lassen, an weiß eingedeckten Tischen vorm flackernden Kamin in der Villa: Edelfisch oder Meeresfrüchte, srilankische Spezialitäten oder Gänsekeule. Wer dabei sein will, muss schnell sein, mittlerweile seien die Tische oft Wochen vorher ausgebucht, sagt Lackmann. So lebt auch die Guthmannsche Noblesse im Haus mit Havelblick weiter. Ziemlich weit draußen.

Café im Gutshaus Neukladow, Neukladower Allee 9–12, 14089 Berlin-Kladow, www.gutshausneukladow.de

FRÜHSTÜCK AM BEET 14

CAFÉ IN DER KÖNIGLICHEN GARTENAKADEMIE

Hierher kommen Menschen eigentlich, um einzukaufen: winterharte Stauden für den Garten, seltene Rosen oder gleich einen Laubbaum. Vielleicht bringen sie ein Moodboard, Fotos, Maße und eine eigene Meinung mit, um sich von Gartenarchitekten einen Plan erstellen zu lassen. Oder sie besuchen einen Workshop, um mehr über Gewächse zu lernen. In den meisten Fällen werden sie sich danach ins Café auf dem Gelände setzen, ins Gewächshaus oder unter ausladende orangerote Gartenschirme auf der Wiese mit Blick auf die nach Farben gruppierten Schaubeete und Pflanzentische. Möglich auch, dass sie direkt ins Café kommen, um in der Nähe einer Kaktusfichte, unter den Zweigen einer 111 Jahre alten Mädchennadelhaarkiefer, im Schatten eines Haselnussbaums oder einer Felsenbirne zu sitzen, zu essen und nachher nicht widerstehen können, etwas einzukaufen.

Wir befinden uns gegenüber dem Botanischen Garten Dahlem und keineswegs im Gartencenter. Hier haben die diplomierte Landschaftsgärtnerin Gabriella Pape und die Gartenhistorikerin Isabelle Van Groeningen 2008 auf 10 000 Quadratmetern historischem Gelände die »Königliche Gartenakademie Dahlem« geschaffen, einst eine Königliche Gärtnerlehranstalt, Anfang des 20. Jahrhunderts in Potsdam gegründet von Gartenpapst Peter Joseph Lenné und später fortgeführt an eben diesem Ort in Dahlem. Pape und Van Groeningen, beide lange in England zu Hause und preisgekrönte Expertinnen, verfolgten ein Ziel: den Deutschen die britische Art des Gärtnerns zu vermitteln. Entspannt, aufgeklärt, stilsicher, nachhaltig und ohne Chemiekeule. Weil ein Garten das Wohlbefinden steigert und die Seele streichelt.

Ein erfolgreicher Coup: Jährlich besuchen Hunderttausende das mit Millionenaufwand sanierte Gelände mit den Gewächshäusern voller sorgfältig gezogener Pflanzen, mit Geschäften für den Gartenbedarf und einem Gartenplanungsbüro. Fast ein Botanischer Garten für sich, an dem jeder, der Blumen liebt, sich gar nicht satt sehen kann.

Den Weg zum Draußen-Café weisen Pfeile. Man wird vom freundlichen Service platziert, geht nicht anders, denn schon zur Öffnungszeit morgens um

Yannic Pawlewicz (l.) und Yves Hinneburg

9 Uhr stehen die ersten Wartenden da. Reservierung empfiehlt sich – am Wochenende sowieso, fürs Frühstück am Wochenende am besten schon zwei Wochen zuvor. Die beiden Chefs wollen eines verhindern: Dass Gäste sich gedrängt fühlen, schnell aufzuessen, weil die nächsten schon auf den Tisch warten. »Jeder Gast hat hier Zeit und wird in Ruhe gelassen«, sagt Gastgeber Yannic Pawlewicz, seit Oktober 2020 zusammen mit Küchenchef Yves Hinneburg Geschäftsführer des Café-Restaurants in der Gartenakademie.

Beide sind Gastro-Profis: Pawlewicz hat im Weinhaus Huth gelernt, Hinneburg orientiert sich für seinen Stil an Sternekoch und Gemüsespezialist Michael Hoffmann. Im Gartenakademie-Café waren sie schon Jahre vorher, sind, wie sie sagen, »in den Laden reingewachsen«. Nun sind sie »zu 100 Prozent glücklich«. Obwohl ihr Projekt gleich eine Pandemie überstehen musste und beide mit wenig Personal von morgens bis spät abends rödeln müssen. »Das ist unser Baby«, sagen sie.

Das Baby liebt es vegetarisch. Zumindest für die Tageskarte konzentriert sich Hinneburg auf fleischlose Gerichte. »Wir wollten die Nachhaltigkeit der Gartenakademie mit auf unsere Karte bringen.« Das geht so weit, dass man sich fürs Café von Leergut und Plastik verabschiedet hat und statt fünf nur noch zwei feste Warenlieferanten behielt. Hinneburg hat wiederentdeckt, was früher selbstverständlich zum Job anspruchsvoller Küchenchefs gehörte: Er testet die Produktqualität auf dem Großmarkt, verkostet, was der Gemüselieferant bietet. »Der Gast spürt, wenn ein Produkt vernünftig ist.«

Ihre kleine Saisonkarte ändern sie alle drei Monate, immer steht ein neues Thema drauf, im Hochsommer etwa leichte Gerichte im Ibiza-Style: Melonensalat mit Olivenöl, Zitrone und Hirtenkäse. Kichererbsen plus Spinat in Tomaten-Knoblauch-Sud. Das Sandwich kommt mit Grillgemüse und Haloumi, der Gazpacho geben Chili und Kräuterpesto mehr Wumms, die vegetarische Paella mit Tofu, Paprika und Oliven macht einreduzierter Gemüsefond kräftig.

Die Frühstückskarte weicht ab vom Veggie-Pfad: Great British mit Spiegelei und Speck, das Käsespecial mit fünferlei Sorten, Egg Benedict in dreierlei Varianten von Bacon über Avocado bis Lachs. An einem Wochenende gehen schon mal 60 bis 80 ganze Kuchen und Torten raus, nachts zuvor frisch geliefert von zwei lokalen Konditoreien. Kein Convenience, keine Tiefkühlkost.

Fehlt noch ein Kaltgetränk. Da mixen die beiden gern Specials: einen Pink Drink mit Hibiskustee, Holundersirup, Kokosmilch und Waldbeeren, einen Freshpresso mit Eis und Orangensaft, eine Holunder-Zitronen-Limo mit frischer Minze aus dem Gartenakademie-Beet.

Die Gäste kommen aus dem ganzen Bundesgebiet. Selbst in seinem Portugalurlaub wurde Yannic Pawlewicz auf die Gartenakademie angesprochen. »Der Ort ist eine Oase«, sagt er. Da ist was dran.

Café in der Königlichen Gartenakademie, Altensteinstr. 15a, 14195 Berlin-Dahlem, www.dascafeindergartenakademie.de

RUHE UND FRIEDEN 15

CAFÉ STRAUSS

Olga Strauss sagt: »Kasachstan ist ein Teetrinkerland.« Sie stammt von dort. Aber ihr Interesse gilt dem Kaffee. Alles wollte sie über Herkunftsländer und Sorten lernen und darüber, wie die perfekte Röstung gelingt. »Komm«, sagte ihr Mann Martin, von Beruf Architekt, »wir machen eine Tour durch Wien. Kaffee ohne Wien geht gar nicht.« Im »Hawelka«, einer Wiener Institution, schmeckte der Einspänner schon ganz gut, aber gegenüber begegneten ihnen Roggenschnittchen mit diversen Aufstrichen, die man im Restaurant Trześniewski zum Pfiff Bier serviert. Das Röst-Know-How lernten sie auf Seminaren an der holländischen Grenze. Die Idee nahm Form an: ein eigenes Café in Berlin. Aber wo?

Auf dem Friedhof. Die Eröffnung ist zwölf Jahre her, beinahe sind die beiden Pioniere, nur das kleine Café »Finovo« in Schöneberg war eher dran. Gleich am Eingang zum historisch bedeutsamen Friedrichswerderschen Friedhof an der Bergmannstraße liegt ein denkmalgeschütztes Klinkergebäude mit dreifach verglasten Original-Rundbogenfenstern und einer Holzterrasse unter abends angestrahlten Arkaden, mit Marmortischen und Schirmen entlang einer Hecke.

Das hier war mal eine Aufbahrungshalle. Wo nun die Toiletten sind, saß im 19. Jahrhundert der Wächter, der horchte, ob sich was bewegt. Denn früher mussten Verstorbene zwischen drei und sieben Tage aufgebahrt werden – aus Furcht, jemand könne nur scheintot und am Ende lebendig begraben sein. Jeder Tote trug ein Glöckchen an einem Bindfaden. Ob je eines gebimmelt hat? Der Platz war knapp, auf zwei Etagen lagen die Menschen vor ihrer Bestattung in diesem Haus. Unter der heutigen Café-Theke arbeitete ein Sargaufzug. Als es später andere Möglichkeiten der Lagerung gab, stand das Gebäude leer, eine ungenutzte Friedhofsimmobilie.

Martin Strauss bekam das mit, er ist als Architekt bei der evangelischen Kirche auch Baubetreuer des kirchlichen Verwaltungsamtes, zuständig unter anderem für die Instandsetzung von Kapellen und Mausoleen. Aber eine Friedhofsimmobilie gilt als Grünfläche, da kann man nicht einfach eine Gastronomie reinsetzen. Ein neues Konzept für die 20 Hektar der vier historischen

Martin und Olga Strauss

Friedhöfe an der Bergmannstraße machte es möglich. Denn ein Café kann ein guter Ort für Trauerfeier-Gäste sein, ein Ort der Stille und Einkehr, einer für gute Gespräche und Entspannung, für das Loslassen und das Nachdenken, für Stärkung und leiblichen Genuss. Warum das Leben so strikt vom Lebensende trennen?

Für Olga und Martin Strauss gehört dieses Bewusstsein dazu – an jedem Tag im Café. Das Trösten und das Angefasst sein von den Geschichten, die sie erfahren, wenn jemand Tische für eine Trauerfeier bucht. »Da laufen bei mir schon manchmal die Tränen«, sagt Olga Strauss, 56. Dann geht das Leben weiter, auch für die Trauernden. Die meisten Gäste sind ihr vertraut, denn sie kommen wieder, mögen Kaffee, Limonade und Kuchen – ein guter Ort. 35 Plätze, um getröstet zu sein, Ruhe zu finden in der hektischen Stadt. Nicht alle gehen ein Grab besuchen, viele sind Spaziergänger, machen Führungen mit über den historischen Friedhof, sind Nachbarn aus dem Kiez, die keinen Balkon haben oder Berliner, die mal nichts um die Ohren haben wollen.

Die Friedhofsverwaltung ist großzügig; das Glashaus hinter dem Klinkerbau, bei Schlechtwetter Wartehalle für Trauergäste, kann für bis zu 40 weitere Gäste mitgenutzt werden. »Wir haben sogar die Genehmigung, Livemusik zu machen – nur keine elektronisch verstärkte, mit Ausnahme eines E-Pianos«, erzählt Martin Strauss, 60, und muss schmunzeln. Das »Strauss« ist ein Geheimtipp für Kaffeeliebhaber. Gleich links neben dem Eingang steht die gläserne Heißluft-Kaffeeröstmaschine. Duftende Sorten aus Indonesien und Mittelamerika, aus Indien, Brasilien und Afrika kann man hier als ganze Bohne mitnehmen. Oder die Hausmischung: vollmundig, säurearm und trotzdem kräftig, ein Aroma, das kein Latte-Milchschaum ersticken kann. Die Leute probieren gern: einen leckeren Jamaica Blue Mountain, einen erdigen Schleichkatzenkaffee. Die süßen Sünden liefert die Prenzlauer Berger Bäckerei »Wunderkuchen«, manche eigens kreiert fürs Café Strauss: Schokomousse-Himbeer-Tarte, Schoko-Knusper-Torte mit einem Crunchboden aus Crêpe-Flocken, Käse-Nuss-Karamell-Torte, schwäbischer Apfelkuchen. Man kann Olga Strauss' herzhafte Bio-Roggenschnittchen mit Hausmacher-Aufstrichen bestellen: Rote Bete pur mit Frischkäse und Meerrettich, mit Ei oder Hummus, mit getrockneten Tomaten oder Lachs mit Dill.

Wenn Erntezeit ist, wird das Café Strauss auch zum Marktladen. Dann gibt es Walnussöl als Eigenpressung, Brände aus Kirschen, Zwetschgen, Mirabellen, Palmischbirnen. Oder frisches Obst: Äpfel, Pflaumen, Quitten, Walnüsse ... »Wir haben eine Datsche in der Uckermark mit 55 Obstbäumen«, verrät Martin Strauss. Was nicht direkt verarbeitet oder in einem Angermünder Betrieb gemostet werden kann, steht dann körbeweise zum Verkauf. Wer was abhaben will, muss früh auf den Friedhof. Die Köstlichkeiten sind schnell weg.

Café Strauss, Bergmannstr. 42, 10961 Berlin-Kreuzberg, www.cafestraussberlin.de

REISE ZU DEN RIESELFELDERN

16

CAFÉ TRAKTORISTA

Ins hinterste nördliche Dorf auf Berliner Stadtgebiet, nach Blankenfelde, wo Pankow brandenburgisch-ländlich ist, sollte der Städter nicht nur auf einen Kaffee fahren. Wäre schade. Denn an der Grenze zum Naturpark Barnim ist zu besichtigen, wie fünf Hektar verwildertes Stadtgut wieder nutzbar gemacht wurden. Ein Projekt seit 2006 und eine Idee: generationsübergreifendes Wohnen in energieeffizient sanierten Gebäuden, ein Standort fürs Handwerk, ein riesiges Gartengelände parzelliert und ökologisch genutzt. Gemeinsam arbeiten und leben, sich engagieren fürs Ganze. Ein vielfach prämierter Coup von mittlerweile 130 Vereinsmitgliedern. Und öffentlich: Jeder kann sich umsehen, fragen, lernen, Natur genießen, sich beteiligen. Und natürlich Pause machen.

Das »Café Traktorista« ist strenggenommen gar keines, sondern seit 2016 die Ergänzung einer Ausstellung in einer sanierten roten Backsteinscheune mit grauen Stalltoren, die aufgeklappt aussehen wie riesige Paravents. Überm Eingang steht »Naturschutz- und Tourismusstation«, 300 Quadratmeter, aufgeteilt in zwei Drittel Ausstellungsfläche und ein Drittel gemütliches Café. Man kann im gepflasterten Hof sitzen wie auf dem baumbestandenen Dorfanger neben dem weißen Kurhaus, heute ein Wohngebäude. Oder hinten auf der Terrasse Platz nehmen und ein bisschen neidisch sein auf die von Himbeeren und Kletterhortensien berankten Balkone, Beete voller Lavendelstauden, blühender Malven, mannshoher Sonnenblumen und auf alle, die hier leben dürfen.

Man kann sich Kuchen der Konditorei »Engelmann« nach draußen holen, frisch belegte Panini, Quiche mit Salat und Honig kaufen von Blankenfelder Bienen, die auf der Wildblumenwiese des Guts summen. Alles liebevoll konzipiert, auch ein wenig improvisiert. Das Café hilft, neben den Mieteinnahmen das Stadtgut zu finanzieren. Am Wochenende kommen viele Besucher auch für Rundgänge und Workshops, sehen sich die Schautafeln der Dauerausstellung an, die von den Anfängen des Dorfes Blankenfelde erzählen, von Rieselfeldern und Runkelrüben, von Kurbetrieb und Kooperationen.

Volker Langner

Der Ort Blankenfelde existierte wohl schon im 13. Jahrhundert, das Rittergut wurde mal Brauereistandort, mal Lusthaus für den Preußenkönig. Es brannte nieder, erstand neu mit Herren- und Verwalterhaus, Ställen und Scheunen. Ab 1882 war es Stadtgut für die Bewirtschaftung der Rieselfelder, ein Ausflugsziel im Grünen, »Heimstätte« mit Kurpark für Lungenkranke und Wöchnerinnen. 1929 wurde das aufgegeben: die Rieselfelder mieften. Das Kurhaus wurde Altersheim und Flüchtlingsunterkunft, Volkseigenes Gut und nach der Wende Verwaltungsgebäude. Das denkmalgeschützte Ensemble verfiel, das Land Berlin fand keinen Investor. 2002 entstand im Verein »LabSaal Lübars«, dem größten freien Kulturträger im nördlichen Berlin, die Idee, es zu retten und zu nutzen.

Der neue Verein »StadtGut Blankenfelde« erhält vom Liegenschaftsfonds den Zuschlag, der symbolische Preis: ein Euro, denn der Grund ist altlastenverseucht. Die Mitglieder machen ihn urbar, beseitigen Asbestbauten. Gartenbauprofis gestalten ehrenamtlich Außenanlagen. Die Stiftung »Trias« bewahrt das Areal vor Spekulation, die Mietergenossenschaft »SelbstBau« hilft bei der Sanierung, der Umbau der Steinscheune gelingt mit Krediten und Fördergeldern; das Konzept heißt Mietfinanzierung.

Zwei Drittel der Vereinsmitglieder leben heute dort, 40 Kinder, 60 Erwachsene, die ältesten über 80. »Das Stadtgut bietet Raum für unendlich viele

Ideen – für uns ist es Oase, Abenteuerspielplatz und Heimat«, schreibt der gemeinnützige Verein. Besucher seien willkommen, Ideen und Hilfe ebenso. Genug Möglichkeiten gibt es, solch ein Projekt wird ja nie fertig. Das zeigt sich beim Rundgang mit Volker Langner. Er ist Mitglied seit 2008, wohnt mit Familie im Gutshaus. Er sagt: »Jetzt sanieren wir die Holzscheune.« Die belegen Tischler, Holz- und Betonbauer, die auf dem Gelände wohnen. Mieteinnahmen sind wichtig, alles will instandgehalten werden. Er führt vorbei an Gebäuden, in denen die Freie Naturschule Blankenfelde altersübergreifend Lerngruppen unterrichtet, an verpachteten Kleingärten, am Zeltplatz. Wo einst Schweineställe standen, wachsen Obstbäume, Bienenvölker finden dort Lebensraum, ein Team kümmert sich um Schafhaltung. Das sanierte Spritzenhaus bietet Platz für Wildkräuterseminare und kleinere Events, das Kurhaus für große Veranstaltungen.

Volker Langner ist »mit ganzem Herzen Landschaftspfleger«. Im Job ist der frühere Projektmanager für einen Demeter-Betrieb im Einsatz, privat fürs Stadtgut, sein Ideal. »Ich wollte immer was in einer Gruppe schaffen.« Als er ins Projekt einstieg, war er »beeindruckt von den damals 65-Jährigen, die so etwas anpacken wollten«. Im selben Alter ist er jetzt.

Wer nach einer Tour durch die Stadtgut-Natur im Café beseelt an seinem Milchkaffee nippt, kommt schnell auf falsche Gedanken. Dann sollte er einen Blick auf die Website werfen. Dort steht ganz klar: »Momentan sind keine Wohnungen zu vergeben!«

Café Traktorista, Hauptstr. 30, 13159 Berlin-Blankenfelde, www.stadtgut-blankenfelde.de

HUNDERTELF JAHRE HOCHBETRIEB

17

CLÄRCHENS BALLHAUS

So viel morbider Altbau-Charme ist ein Bruch in Berlins hipper Mitte. Auf der durchsanierten Auguststraße öffnet sich ein Hof mit verwitterter Fassade, ein Vorplatz, versteckt von grünem Rankengewirr. Dort stand vor einem Jahrhundert ein Vorderhaus, seine Kriegstrümmer wurden erst in den Sechzigern weggeräumt. Das Gelände hinter der seltsamen Säulen-Einfriedung blieb unbebaut, überm romantischen Garteneingang mit Laternen wachsen Weinreben mit blauen Trauben.

Das jüngst restaurierte Wandbild an der morbiden Hausfassade, eine liebevolle Karikatur eines Pärchens beim Schieber, zeigt, was angesagt ist: Schwof. Mittlerweile kommt man hier auf 111 Jahre Hochbetrieb in einem der letzten erhaltenen Ballhäuser Berlins aus dem 20. Jahrhundert. Aber das »Clärchens« bietet nach der jüngsten Renovierung weit mehr als Amüsemang, nämlich Kulinarik vom Feinsten.

Sie sagen, wer nicht hier war, war nicht in Berlin. »Clärchens Ballhaus«, heute im Stil der goldenen Zwanziger aufgehübschtes Lokal, ein wenig schummrig, ein bisschen Glamour. An der Saaldecke glitzert eine goldene Discokugel. Mit denkmalgeschütztem Spiegelsaal im Obergeschoss und dem geschotterten, wild berankten Biergarten auf dem Vorplatz, ist es eine der schönsten Berliner Legenden. Dass die weiterlebt, dafür hat Investor Yoram Roth gesorgt, der das Haus 2019 kaufte und vor der drohenden Schließung bewahrte.

Behutsam wird der Standort stückweise saniert, mit Sinn für das Erbe von Clara Bühler, der Wirtin, die es 1913 mit ihrem Mann als »Bühlers Tanzhaus« eröffnet hat, ein Ort für essen, trinken, Lebensfreude, der bei den Berlinern schnell »Clärchens Ballhaus« hieß. Es blieb, was es war, auch zu DDR-Zeiten, trotz mancher Pächter- und Betreiberwechsel. Nun vereint es zeitgemäße Berliner Küche und das Ambiente von damals, neuen Betrieb und gute Tradition.

Denn hier wird noch immer – nein, wieder! – getanzt. Sonntagnachmittags bei Workshops mit Tanzlehrern, von Salsa bis Standard. Danach darf geschwoft

Tobias Beck (l.) und Claudia Steinbauer

werden, dann legen DJs und DJanes auf. Zwar nicht mehr unten, im alten Saal, wo damals das Volk übers Parkett schob, sondern im ersten Stock, im legendären Spiegelsaal mit Zwanzigerjahre-Stuck an Decken und Wänden, Holzpaneelen und Jugendstil-Leuchter.

Das Erdgeschoss ist seit September 2024 ein von »Babylon Berlin«-Szenenbildner Uli Hanisch neu gestyltes Restaurant mit 146 Plätzen. Der Name »Luna D'Oro« ist eine Reminiszenz an die Tänzerin Lisbeth Dorowski, Künstlername »Luna Dorow«, die in den goldenen Zwanzigern im »Clärchens« für Furore gesorgt haben soll.

Der Küchenstil passt: Ur-Berlin mit einem Augenzwinkern und viel saisonaler, moderner Leichtigkeit. Tobias Beck, 31, ist jetzt Küchenchef im »Clärchens«. Der gebürtige Mannheimer ist Quereinsteiger, studierte erst International Management, ehe er den Dreh zum Kochen fand: Praktikum im »Noma« in Kopenhagen, Stationen in Japan, Mexiko und Argentinien, zurück nach Berlin zum besternten »Ernst«. Hier etablierte er auch seine Idee vom Kochen über offenem Feuer mit der Dinnerserie »Amber«, inspiriert vom argentinischen Lehrmeister Francis Mallmann. Als Küchenchef im »Clärchens« folgt er seinem Faible für die deutsche Esskultur.

Beck und sein Team müssen den Spagat schaffen zwischen Traditionsküche und Moderne, zwischen Urigem und Jetzt-Standard. Auf der saisonal wechselnden Karte stehen Klassiker wie Kalbsleber mit Zwiebeljus oder Maultaschen mit Kartoffelsalat. Seine Königsberger Klopse mit Kartoffelbrei gibt es, wie er sagt, fluffiger nirgends in Berlin. Sein »famoser Goldbroiler« ist aufwändig in der Zubereitung, wird gebeizt, gedämpft, luftgetrocknet, frittiert und landet auf leicht getoastetem Brot. Kleine Gags, große Aromen. Sechzigerjahre-Nostalgiker gibt's auch: Mett-Igel oder die Partyplatte mit Würstchen im Schlafrock, Russisch Ei und Krabbencocktail. Die Küche setzt auf biozertifizierte Produkte aus der Region.

Der Biergarten hat derweil nichts von seinem Berliner Hinterhof-Charme verloren. Jedes Jahr wird er mit 20 Tonnen Kies neu aufgepolstert, die 400 Kübelpflanzen und Rosenranken umsorgt die Königliche Gartenakademie Dahlem. Aber Achtung, Reservierung is nich, wer kommt, sucht sich eine der 200 Sitzgelegenheiten. Während der Restaurant-Renovierung holten Gäste sich die Verpflegung – Pommes, Bier und mehr Zünftiges – aus dem Foodtruck. In der aktuellen Saison wird wieder serviert, »klassisches Biergartenessen«, wie Beck verrät. Am Konzept feilen sie. Da kann auch die Bratwurst und der Goldbroiler dabei sein, aber niemals Convenience. »Alles kommt von uns.« Man darf gespannt sein.

»Der Laden braucht Liebe«, findet Claudia Steinbauer, 52, Betriebsleiterin »und Mädchen für alles«, wie sie sagt. Steinbauer, gebürtige Chemnitzerin, Mutter zweier Kinder, ist gelernte Hotelfachfrau, lebte mit Familie in Südafrika, kehrte zurück und wechselte in den Servicebereich der Gastronomie. Promi-Restaurants wie »borchardt« und »Grill Royal« gehörten zu ihren Stationen, das »Ma« und das »Uma« der Adlon-Holding, die »Cordobar«. Sie will, dass das »historische Juwel Clärchens« ein Publikumsmagnet bleibt: mit gutem Essen, schönen Weinen, günstigen Preisen, Draußengenuss im Herzen der Stadt und Programm am Wochenende. »Wir wollen, dass das Clärchens wieder cool ist.«

Clärchens Ballhaus, Auguststr. 24/25, 10117 Berlin-Mitte, www.claerchensball.haus

DIE NEUEN ITALIENER 18

COCCODRILLO AM WEINBERGSPARK

Nicht ein Rebstock, nirgends. Dass im Weinbergspark entlang einer bescheidenen Anhöhe Trauben geerntet wurden, ist lange her. Im 18. Jahrhundert stand auf dem Wollankschen Gut auch eine Maulbeerplantage, ehe der Privatbesitz 1936 zum Volkspark wurde. In der Zehdenicker Straße ums Eck war bis zur Mitte des 19. Jahrhunderts »Amüsemang« garantiert – in Mutter Gräberts »Vorstädtischem Theater«. Die Bomben des Zweiten Weltkriegs zerstörten die gründerzeitlichen Häuser, doch den Garten ließ die Berliner Grünplanung wiederauferstehen nach Plänen des Gartenarchitekten Helmut Kruse. Der schuf in den Wirtschaftswunderjahren eine Anlage mit Café auf dem Plateau, einem nierenförmigen Teich mit Rasen drumherum, Rosengarten, Springbrunnen und Themengärten entlang der Wege. Heinrich Heines Denkmal stellten sie statt Unter den Linden im Kastanienwäldchen auf.

Der Weinbergspark ist so etwas wie die zentrale Liegewiese des Ortsteils Mitte, an warmen Tagen ein Magnet für alle: Hipster und Jungfamilien, Alteingesessene und Zugezogene. Sonne tanken, auf der Wiese rumsitzen, mit den Kindern auf den Spielplatz, ein paar Schritte gehen. Oder sich niederlassen auf der halbrunden, ausladenden Terrasse des Cafés, das noch immer über allem thront wie ein schicker Sixties-Pavillon, denkmalgeschützte DDR-Architektur, 20 Jahre stadtbekannt als Gastronomie mit Schweizer Küche. Damit war nach Corona Schluss. Jetzt spricht man dort Italienisch.

Optisch schreit schon von draußen alles: »Tricolore!« Grün das Efeu, das die Mauer vor der Terrasse frisst und sich in Pflanzkästen zwischen den Sitzgruppen rankt. Rot und weiß der Rest: die zierlichen, eigens für die Location designten Metallstühle, die gestreiften, bauchigen Blumenkübel an der Treppe, die riesigen, von innen beleuchteten Sonnenschirme. An einem Fahnenmast in, na klar: rot, schweben Buchstaben: S-E-X-Y. Die Botschaft des italienischen Restaurants »Coccodrillo« ist alles andere als leise. Und drinnen wird sie noch lauter.

Die neue Location am Weinbergspark gehört dem Gastro-Unternehmen »Big Squadra«, deutscher Ableger der erfolgreichen französischen »Big Mamma Group«, spezialisiert auf italienische Trattorien mit authentischer Küche. Das

Victor Lugger (l.) und Tigrane Seydoux

Gründerpaar Victor Lugger und Tigrane Seydoux hat erfolgreich ähnliche Restaurants in Frankreich, Spanien, Großbritannien und zuletzt auch in München eröffnet. Gleich ist nur ihr Credo: fröhliche Atmosphäre, beste Produkte, bodenständige, aber handwerklich perfekte Landküche, nachhaltiges Wirtschaften. Das Ambiente dagegen ist auf jeden der mit Akribie ausgewählten Orte zugeschnitten: anderes Design, speziell gefertigtes Mobiliar, gepimpt mit Sammlerstücken. Das Krokodil, denn das heißt »Cocodrillo« übersetzt, reißt mitten in Mitte ganz schön das Maul auf. Es schreit: »So was wie mich gibt's hier nicht nochmal!«

Da hat es recht. Draußen kann das Auge sich entspannen, drinnen wartet eine Flut aus Hollywood-Kulisse und Siebzigerjahre-Stil, aus neonleuchtendem American Diner und Fiorucci-Kulisse. Rotes Leder und dunkles Parkett, Marmortresen und Porzellanleoparden, handbemaltes Geschirr und weiß eingedeckte Tische, kugelige Seventies-Leuchten unter rotlackierten Decken. »Für unsere Verhältnisse ist das eher schlicht«, sagt das Management. »Wir wollten ein bisschen Kultur und ein bisschen Theater, eine lebendige Atmosphäre mit italienischem Touch.« Welches Publikum man damit ansprechen will? Die Zielgruppe könne man schlecht definieren, heißt es, so zwischen 25 und 45, aber es kommen auch Studies und Großeltern mit den Kindern, private Gruppen und Firmen.

140 Plätze draußen, 115 drinnen. Irgendwie hat das Lokal, dessen Service- und Küchenpersonal sich laut unterhält und fröhlich singt, als sei dies eine Strandbar am Meer, sein Publikum von Anfang an gefunden. Die »Cocodrillo«-Küche will das Unikat. Keine Spaghetti Bolo, sondern hausgemachte Mafaldine mit frisch gehobeltem Trüffel und sämiger Mascarpone-Sauce. Nicht die übliche Pizza Tonno, sondern eine, deren Teig 72 Stunden geführt wird, ein fluffiges Gebäck mit San-Marzano-Sauce zum Thunfisch, karamellisierten Schalotten, Taggiasche-Oliven, Mozzarella fior-di-Latte. Kein Nullachtfuffzehn-Tiramisu, sondern ein »Tigramisu della casa« mit einem Hauch Marsala.

Küchenchef Fabio Fisicaro kann mit Premium-Zutaten italienischer Lieferanten arbeiten, ergänzt durch Produkte aus Brandenburg: Fleisch vom Gut Kerkow, Fisch von »25 Teiche«. Alles wird selbst zubereitet mit viel Aufwand und einer etwa 30-köpfigen Kochmannschaft. Das italienische Personal sucht ein Recruiting-Team aus, die Rezept-Datenbank behält der italienische Küchenchef im Blick. Nichts ist dem Zufall überlassen. Der Brunch ist kein Büffet, sondern ein A-la-Carte-Mix. Manche wollen tatsächlich schon um 10 Uhr Pizza. Bekommen sie. Oder Rindercarpaccio. Oder Schweinerippchen. Oder einen XL-Eisbecher mit Schokobrownies. Alles, nur keine Kopie.

Coccodrillo am Weinbergspark, Veteranenstr. 9, 10119 Berlin-Mitte, www.bigsquadra.com

hafenküche

GENUSS AM KAI

19

DIE HAFENKÜCHE

Wer hier noch nicht war, glaubt, wenn er in Lichtenberg in Berlins Osten scharf abbiegt von der Hauptstraße hin zur Rummelsburger Bucht, er habe sich vertan. Denn erstmal landet man auf einem grauen Firmenparkplatz mit Busunternehmen – und erst ein Stück weiter hinten an dem schicken Restaurantneubau mit 18 Meter verglaster Front. Zur Bucht hin ragt die Außenterrasse unterm weißen Segel ins Wasser wie ein Pier. In der Marina schaukeln Motorboote, kleine und größere Yachten. Genau dort liegt sie, die neue »Hafenküche«, ein perfekter Ort nicht nur fürs abendliche Casual Fine Dining, auch für die Mittagspause, für Grill- oder Chillabende mit Sundowner.

Wer den Ort von vor, sagen wir, zwölf Jahren kennt, begreift erst nach und nach, was sich alles verändert hat. Fürs Restaurant hat Eigentümer Frank Richert – der neben dem Busunternehmen Berlin Mobil auch die City Marina und die Bootsvermietung Spreeboote betreibt – sich Frederik Grieb und Mathias Brandweiner an Bord geholt, zwei junge, ambitionierte Gastro-Profis. Grieb war zum Beispiel Sous-Chef bei Altmeister Dieter Müller und mit Sommelier Brandweiner – 2019 ausgezeichnet als Berliner Gastgeber des Jahres – ein Team im Restaurant »Pots« des Ritz Carlton Berlin. Die beiden kennen sich lange, der eine zog den anderen nach zur »Hafenküche«.

Richert investierte kräftig und entwickelte das vormals kleine Lokal mit nordischer Hygge-Möblierung zu einer stylischen Location mit Bar, offener Küche und Lounge-Terrassen. Schon das Drinnen ist spannend, gediegen-modernes Interieur im Midcentury-Style: großer Bartresen, Glasfront mit Durchblick zur großen Küche. Im Gastraum Keramikfliesen in Naturtönen, Naturholzpodeste mit separaten Nischen, gebeizte Eiche, zeitgemäßes Design. Der lange Restauranttrakt ist in diverse Bereiche gegliedert, und ist die Glasfront geöffnet, sitzt es sich im Sommer an der Längsseite beinahe so luftig wie draußen. Im Winter diniert man in der Nähe von zwei Kaminen mit Blick auf die Spree.

Schicki-Micki am Wasser? »Wir wollen ein Ort für alle sein«, sagt Gastgeber Mathias Brandweiner. Das schafft die »Hafenküche« mit einem klugen Konzept; mittags ist sie »Kantine« mit preiswertem Lunchangebot und Self-Service.

Frederik Grieb (l.) und Mathias Brandweiner

Im Umkreis gibt es genügend Firmen und Start-ups, deren Angestellte und Gäste Lust haben auf leichtes Essen, das eben so gar nicht nach Kantine schmeckt. Bodenständig, aber mit modernem Dreh, ob Currywurst von der Hof-Fleischerei »Katerbow«, die »Hafenbowl« mit Quinoa, Edamame und Sesam oder köstliche, schnelle Pasta Arrabiata mit Nussbrösel-Crunch. An starken Tagen kann das Angebot schon mal 250 Gäste anlocken. Zu eng wird es dennoch nicht. »Zu uns kommen alle«, sagt Mathias Brandweiner, und meint Handwerker im Blaumann, Businesspeople, Familien, Spaziergänger, Radler und mittlerweile auch alteingesessene West-Berliner, die sonst eher die Wannsee-Terrassen bevorzugen.

Der Hype liegt sicher nicht allein am Ort, der einem das Gefühl gibt, man mache Rast in einem Hafenstädtchen, sondern auch am kulinarischen Konzept: Klassiker, die spannender schmecken als sie sich lesen, weil Grieb etwa sein Wiener Schnitzel »Rummelsburger« (für die der Österreicher Brandweiner die Panade aus seiner Heimat importieren lässt) mit Gurkensalat und kalt gerührten Preiselbeeren schön rösch auf den Teller bringt. Oder sein hochwertiges Dry-Aged-Kotelett vom Green-Egg-Grill saftig und mit Schmelz serviert und den vegetarischen Beyond-Meat-Burger mit Zwiebelmarmelade, Parmesan-Aioli, Fritten und Spitzkohl. Beilagen sind keine Nebensache: Der Kartoffelstampf kommt mit Nussbutterbröseln, der Couscous mit Sonnenblumenkernen und Cranberries, die Karotte mit Koriandersaat und Cumin. Selbst den Salat machen Infarm-Kräuter, Gewürzgranola, fermentierte Rübchen zu etwas Besonderem. »Wichtig ist, dass die Qualität passt«, sagt Mathias Brandweiner. Das gilt für das gesamte Restauranterlebnis.

Die spitz zulaufende Terrasse mit Platz für 40 Personen ist ein Lieblingsort, weil man zum feinen Essen nichts als Bucht und Boote ins Visier nehmen muss. Ein paar Meter weiter, auf der anderen Seite der Slipanlage, hat die »Hafenküche« seit letztem Sommer noch ein riesiges Segel gesetzt überm Spreedeck für 150 Personen mit Stehtischen, Lounge-Möbeln, offener Feuerstelle und Pflanzpötten. Wer lieber für sich sein will, setzt sich eine Ebene tiefer mit dem Drink ans Wasser und loungt vor sich hin, mietet mit Entourage die perfekt ausgestattete Grillstelle am Ende des Kais oder gleich ein Spreeboot und ordert vom Restaurant den Picknickkorb dazu.

Das kann man sich in Ruhe überlegen – während unterm Himmel ein paar Möwen kreischen und die Spatzen auf dem Terrassentisch neben dem blank gegessenen Teller frech auf Brotkrümel lauern. Im Weggehen wirft man vielleicht noch einen Blick auf die Fotokunst, die Rainer Röper, Binnenschiffer in dritter Generation, am Restaurant-Entree in Szene setzt, und verspricht dem Retter der letzten Berliner Jahrhundertwende-Schleppkähne: Junge, ich komm bald wieder.

Die Hafenküche, Zur Alten Flussbadeanstalt 5, 10317 Berlin-Treptow, www.hafenkueche.de

Zum Eierhäuschen
SPREE
PARK
ART
SPACE

FONTANE LÄSST GRÜSSEN

20

DAS »EIERHÄUSCHEN« IN TREPTOW

Dieses Ausflugsziel kannte schon Theodor Fontane. Im »Stechlin« lässt der alte Realist eine diskutierfreudige Adelsgesellschaft per Dampfschiff ab Jannowitzbrücke anreisen. Überzeugt ist seine aufmüpfige Protagonistin Melusine, Tochter des Grafen Barby, von jenem Tipp aus dem Freundeskreis zu Anfang nicht. »Das Ziel unsrer Reise hat einen ziemlich sonderbaren Namen und heißt das ›Eierhäuschen‹. Ich werde seitdem die Vorstellung von etwas Ovalem nicht los«, scherzt sie.

Kurz vor dem Anlegen, als »der rote Bau zwischen den Pappelweiden mit Turm und Erker sichtbar wird«, ist offensichtlich, dass es sich nicht um einen »Mischling aus Kiosk und Hütte« handelt, sondern um ein Landhaus mit ausgedehntem Biergarten unter Baumriesen. Zufriedenheit kehrt ein, als man an einer Ulme das Schild »Wiener Würstel« und »Löwenbräu« entdeckt. Die Truppe lässt »Eierhäuschen« und Spree mit bayrischem Bier hochleben.

Ein Prosit der Gemütlichkeit war im Treptower Plänterwald mehr als vier Jahrzehnte nicht mehr drin. Erst zu Himmelfahrt 2023 konnte Berlin wieder jubeln, als Biergarten und Schiffsanleger eröffnet waren und auch das legendäre »Eierhäuschen« als Terrassenrestaurant: restauriert, zeitgemäß bewirtschaftet.

1837 entstand genau dort, am Holzdepot eines Schiffsanlegers, eine Kneipe. Der Wirt soll Eier verkauft haben, also hatte das Lokal schnell seinen Spitznamen weg. Es wurde aus- und umgebaut, die Wirtsleute kamen und gingen, das »Eierhäuschen« brannte dreimal ab. Richtig groß wurde die Gastronomie in der Kiehnwerderallee erst, als Architekt Karl Frobenius sie entwarf: als roten Klinkerbau, die Ziegelfassade verziert mit schwarz glänzenden Keramikbändern, in der Mitte ein Turm, die Giebel holzverkleidet mit gedrechselten Bögen, am Mauerwerk Malerei. 1891 war es fertiggestellt, verpachtet von der Stadt.

Nach der Wende war Schluss mit lustig, der Kulturpark Plänterwald wurde abgewickelt. Der letzte Eigner, Schausteller Norbert Witte, ging pleite und schädigte den Ruf des Areals durch kriminelle Machenschaften. Die Immobilie

Alexandra Strödel (l.) und Jessica Joyce-Sidon

verwahrloste. Erst ab 2014 war Berlin wieder Herr der Liegenschaft, stellte zehn Millionen für die Wiederbelebung von Park und Ausflugslokal zur Verfügung.

Zehn Jahre später fügt sich das »Eierhäuschen« in ein Konzept, das Gastronomie und Raum für Kunst verbindet. 500 Quadratmeter Biergarten, 250 Außenplätze samt Abenteuerspielplatz. Allein das Restaurant – nun heißt es »Ei-12437-B« in Anlehnung an Eierstempel – bietet auf 175 Quadratmetern 90 Innenplätze und 120 auf der Terrasse und im Garten. Die landeseigene Gesellschaft Grün Berlin entwickelt das Gelände, in naher Zukunft soll auch das Riesenrad im Park sich wieder drehen.

Als Jessica Joyce-Sidon, 36, Gastronomin und Marketing-Fachfrau, entschied, in die Ausschreibung ums »Eierhäuschen« einzusteigen, lief just der Mietvertrag ihres Weddinger Restaurants aus. Also legte sie einen Plan vor, der auch für Nachhaltigkeit steht: keine Pappbecher, kein Take-away. Und mit Blick auf den benachbarten Betrieb des »Spreepark Art Space« einen, der die Verzahnung von Kunst, Architektur, Natur und Genuss spiegelt. Sie bekam den Zuschlag. Allein die Aussicht, in Treptow Tradition wiederzubeleben, reizte Sidon. »Es musste etwas sein, das hierher passt und auch zu mir.«

Das ist geglückt. Ihr Restaurant stellt hohe Ansprüche an die Küche. Der Stil: traditionell deutsch mit französischen und italienischen Anklängen. »Wir machen im Biergarten weder Trüffel-Pommes noch Fischplatte«, sagt sie mit Blick auf ihre Gastro-Nachbarn »Zenner« und »Klipper«, »dafür aber Bratwurst vom Havelland-Metzger und dazu einen klassisch bayrischen Kartoffelsalat

oder selbst eingelegtes Sauerkraut.« Beilagen, Saucen, alles ist selbstgemacht. »Letztes Jahr haben wir mit dem Team für eine Biergartensaison 100 Kilo Kartoffeln geschält und geschnippelt, Holunder eingelegt, Gurken eingeweckt. All das behalten wir bei.«

Das Team ist gewachsen auf um die 50 Angestellte in der Draußensaison. Denn es gibt auch den Tanzsaal für Veranstaltungen bis 300 Personen. Üppige 60 Quadratmeter Küche befinden sich im holzverschalten Anbau. Küchenchefin Alexandra Strödel steht für moderne Wirtshausküche. Keine Teller »zum Teilen«, besser gute Portionen. »Hier kommen auch Familien mit den Großeltern hin«, sagt sie. Es muss nicht Braten vom Husumer Sattelschwein sein, Bodenständiges schmeckt auch als vegetarisches Gericht: Kräuterspätzle mit Kuhmilch-Feta, Breznknödel mit brauner Butter und Kohlrabisalat. Und das Ei darf nicht fehlen: etwa als Onsen-Ei mit Shoyu, Blüten, Kräutern. »Wir wollen überraschen«, sagen Sidon und Strödel.

Die Preise sind moderat: 5 bis 9 Euro kosten die Kleinigkeiten, 14 bis 29 die für den großen Hunger. Die Bratwurst im Brötchen gibt's für 5,50, den Kartoffelsalat im echt großen Weckglas für 6 Euro. Das »Eierhäuschen« ist wieder da, das aus DDR-Zeiten aber Geschichte.

Für die ganz große Welle ist noch Zeit: Der neue Spreepark eröffnet nicht vor 2027. Vielleicht entstehen bis dahin ja noch öffentliche Parkplätze. Denn hin kommt man derzeit am ehesten mit dem Rad oder zu Fuß an der Spree entlang, ab der Neuen Krugallee auf dem Dammweg oder eben übers Wasser – wie zu Fontanes Zeiten.

Ei-12437-B, Kiehnwerderallee 2, 12437 Berlin-Treptow, www.ei-12437.berlin/de

BEINAHE BRITISCH 21

HAUS AM WALDSEE

Hinein durch das schmiedeeiserne Tor. Eine breite, geschotterte Auffahrt zwischen Wiesen. Im lichten Schatten von Kirsch-, Apfel- und Quittenbäumen auf der Wiese und unter Leinenschirmen sitzt es sich beinahe wie im Bauerngarten. Nein, das passt nicht zum mächtigen Haus mit den grünen Fensterläden und auch nicht zu den LED-Schleifen von Susanne Rottenbacher am Portal. Da ist viel mehr.

Diese behäbige Fabrikantenvilla, 1922 vom Architekten Max Werner erbaut für den Berliner Textilunternehmer Hermann Knobloch, seine Familie und Gäste – einst luxuriös ausgestattet mit privater Tankstelle und Bootshaus, Gewächshaus und Tierställen –, verstellt vorerst den Blick: auf einen Landschaftspark im englischen Stil, auf 10 000 Quadratmeter Traumgarten, der sanft abfällt zum Ufer des Waldsees. Auf riesige Kiefern, Eichen, Ahorn, auf ein Schatten spendendes Wäldchen, durch das sich ein Kies-Rundweg schlängelt. Auf Wiesen und Rabatten, auf tausende im letzten Jahr neu gesetzte Stauden. Irgendetwas blüht immer übers Jahr: Im Schatten breiten sich Storchenschnabel, Farne, Funkien aus, im Licht leuchten Rittersporn, Phlox, Glockenblumen oder Taglilien.

Die gesamte Hügellandschaft, über der, blickt man vom See hinauf, die Villa thront, wurde 2021 denkmalgerecht restauriert. Dem Rundweg, zuvor allenfalls ein Trampelpfad, kann man nun ungehindert folgen, das neu eingesäte Gras betreten oder sich auf die am Hang geschickt verborgenen, halbrunden Rasenbänke des Amphitheaters setzen.

Einfach mal einen Urlaubstag vorm Haus am Waldsee zu verbringen, ist keine absurde Idee. Manche kommen mit dem Buch unterm Arm, holen sich Snacks und Getränke vom Tresen des Cafés, lassen sich auf der Wiese nieder oder gehen durch den Tunnel frisch freigeschnittener Rhododendren hinab zum Seeufer. Wenn sie am Abend wieder aufbrechen, sind Verpflegung und Literatur verschlungen.

Die frühere Villa Knobloch, das »Haus am Waldsee« zwischen Krumme Lanke und Schlachtensee, ist nicht irgendein Domizil, sondern seit 1946 ein international bekannter Kulturort für Konzerte, Theater, Ausstellungen, weg-

Markus Mahla und Jasmin Hein

weisende Architektur, Design und Musik, jahrzehntelang eine Plattform für die bleibenden Namen und Stilrichtungen in der Bildenden Kunst: Käthe Kollwitz, Pablo Picasso, Juan Miró, Georges Braque, Henry Moore, Wilhelm Lehmbruck, Niki de Saint Phalle, Andy Warhol, Gerhard Richter, Brücke-Künstler, Neue Wilde, Neue Sachlichkeit. Heute gilt sie, getragen von einem Verein, mit Lottomitteln saniert und technisch topmodern ausgestattet, als eines der renommiertesten Häuser für internationale zeitgenössische Kunst in Berlin. Drinnen wie draußen. Denn der denkmalgerecht wiederhergestellte Park ist auch Skulpturengarten. Ein Landschaftsdenkmal, das nicht nur das Gesicht seiner Vegetation immer wieder verändert; die neue Leiterin Anna Gritz garantiert auch für die im Freien präsentierte großformatige Kunst zahlreiche Neuzugänge. Selbst ein Signature-Piece wie die Edelstahl-Großskulptur »Summer House« der Architekten Barkow Leibinger könnte weichen.

Wer ohne Umwege in Richtung Park will, nimmt den Weg durch den wieder aufgebauten rechten Flügel, früher die Garage, heute ein clean ausgestatteter Saal, der zum Café gehört. Schon von dort – links die kleine Treppe hinauf geht es zum SB-Tresen – hat man einen freien Blick auf eine von zwei bunt bestuhlten Terrassen und, weil die Sichtachse von den Landschaftsgärtnern neu geöffnet wurde, auf den einst künstlich angelegten See.

Die Cafébetreiber kennt, wer schon einmal im Kolbe-Museum in Westend war: Jasmin Hein und Markus Mahla sind auch Pächter des »Café Benjamine« (s. S. 53). Im Haus am Waldsee funktioniert ihr Konzept ebenso, wenn auch vor allem mit Selbstbedienung: hausgemachte Speisen in Bio-Qualität, wechselnder Mittagstisch mit Zutaten vom Wochenmarkt, Quiche, Salate, Suppen – kleine, feine Gerichte. Dazu Getränke lokaler Betriebe und köstlicher peruanischer Kaffee der Berliner Bio-Rösterei Altomayo.

Das Paar legt großen Wert auf Nachhaltigkeit. Keine fade Gesundküche, alles schmeckt, als sei es – in dem Fall keine Floskel – mit Hingabe zubereitet. Das spricht sich herum, Stammpublikum kommt aus dem Bezirk, ein Drittel sind Berliner aus anderen Ortsteilen, ein Drittel internationale und nationale Touristen, schätzt Markus Mahla. Vielleicht kehren sie gerade von der großen Runde an der Krummen Lanke zurück, vielleicht mit dem Fahrrad von der Haus-zu-Haus-Tour zwischen Georg Kolbe-Museum und Haus am Waldsee, vielleicht vom Baden am Schlachtensee.

Der Ort hat Willkommensqualität. Die pflegen die Gastgeber auch, wenn es mal stressig wird, denn man kann die Location natürlich auch für private Veranstaltungen mieten. »Manchmal ist es, als würden Jasmin und ich eine Party geben«, sagt Markus Mahla. »Das Ganze hier hat so eine schöne Privatheit.«

Haus am Waldsee, Argentinische Allee 30, 14163 Berlin-Zehlendorf, www.hausamwaldsee.de

DIE GROSSSTADT – EIN DORF

22

HOFCAFÉ BEI MUTTER FOURAGE

Vor 25 Jahren stand sie vor dem blauen Taubenturm zusammen mit Wolfgang Immenhausen, dem Besitzer jenes pittoresken Hofgeländes im Zehlendorfer Ortsteil Wannsee. Er fragte: »Kennste nicht jemanden, der das hier machen möchte?« Sie sagte: »Ich.«

Dagmar Wohlgemuth-von Reiche ist von Beruf Biologin. Und Wolfgang Immenhausen, Schauspieler, in Wannsee verwurzelt und ein früher Bio-Aktivist, meinte mit seiner Frage das Café und den angrenzenden Hofladen, zwei verbundene Klinkergebäude mit einem großen Terrassengelände. Café und Laden hatte er zuvor mit Geschäftspartnern betrieben, lange eher provisorisch.

Immenhausen hatte das Gehöft, das sein Großvater ab 1900 als Futtermittel- und Kartoffelhandlung betrieb, in den 1970er Jahren geerbt. Aus der »Fourage«, ein alter Begriff für »Futter«, sollte dauerhaft eine Art Öko-Musterbetrieb werden. Gänse, Schweine, Ziegen, ökologischer Gartenbedarf, Berlins erster Naturkostladen. Konzerte, Kunstausstellungen, Lesungen und eben ein Bio-Café. Der Hof wurde schon in Vorwendezeiten ein beliebter Ausflugstreff, die Gastronomie gewann an Bedeutung. Das Ganze musste professionalisiert werden.

Dagmar Wohlgemuth-von Reiche hielt Wort, sie übernahm Gastronomie und Laden zusammen mit ihrem Mann Heribert von Reiche, Historiker und Faktotum in Sachen Buchhaltung und EDV. Zwei Quereinsteiger hatten ihre Profession gefunden. Sie sagt: »Wir haben einen wundervollen Ort geschaffen.« Einen, der wochentags nie überlaufen ist, dort, wo die Großstadt noch Dorf ist.

Wer zu Mutter Fourage will, landet in einer mediterran anmutenden Landschaft. Der gepflasterte Weg führt entlang blühender Topfpflanzen, Stauden und Tongefäße auf ein kleines Landgut, wie losgelöst von seiner Umgebung. So überschaubar und verborgen, so viel zu entdecken. Die Blumen, Kräuter und Stauden des Gärtnermeisters Lucas Steckmann. Die Galerie Mutter Fourage, seit 2021 geleitet von Jens Kunath und Lea Gryze, mit wechselnden Ausstellungen

Dagmar Wohlgemuth-von Reiche

zu zeitgenössischer Malerei, Bildhauerei und Fotografie, immer mit Bezug zur Wannsee-Kulturlandschaft. In der angrenzenden großen Kulturscheune ist Raum für Kleinkunst und Konzerte.

Drumherum im Hof, an Gartentischen unter ziegelroten Sonnenschirmen oder im Schatten des Scheunen-Anbaus mit seinen taubenblau gerahmten Sprossenfenstern und der gläsernen Schiebetür, ist überall Café-Platz, umgeben von Keramik, Putten und steingefassten Hochbeeten. Nach drinnen geht, wer sich an der Vitrine etwas von den unschlagbar leckeren Kuchen und Torten aussuchen will, die die Konditorei »Tillmann« liefert, oder im Hofladen Feinkost einkauft, unzählige Manufakturprodukte, die Dagmar Wohlgemuth-von Reiche gezielt auswählt. Die Küche für das Café-Restaurant mit 150 Plätzen sucht man vergebens. Das Team um die Chefin arbeitet mit einem einzelnen Haushaltsherd und einer Mikrowelle.

Vom frühen Morgen an entstehen schlichte, schmackhafte Gerichte in Bioqualität: frisch vorbereitete, knusprig vorgebackene Gemüse- und Pasta-Aufläufe, lauwarme Salate mit Gemüse regionaler Produzenten. 13 verschiedene Sorten Frühstück, täglich bis 14 Uhr zu haben – vom »Hahnenschrei« mit Ei im Glas über »Vegan delight« mit Aufstrichen und selbstgemachter Marmelade bis »Fischers Fritz« mit Räucherlachs und Heringssalat. Die Chefin legt Wert auf ehrliche Lebensmittel, will Bauern und Manufakturen direkt unterstützen.

Die Ideen für die Tagesgerichte? Selbst gesammelt. »Wer lesen kann, ist klar im Vorteil«, frotzelt sie. »Ich kann Rezepte lesen.« Sie entdeckt eines und weiß schon, ob es für ihr Café taugt, kann 15 bis 20 Kürbissuppen-Varianten, nimmt Eier mit grüner Sauce auf die Karte und Pellkartoffeln mit Quark, Schmorgurken und lauwarmen Salat mit Süßkartoffeln, Ziegenkäse, Kürbiskernen. Immer bietet sie Gemüse aus dem Backofen. »Und wir haben den allerbesten Obstsalat der Welt.« Denn die Früchtchen kommen da erst rein, wenn sie im Hofladen schön reif geworden sind. Preiswerte »Nachbarschaftsküche« vom Feinsten. Ihr internationales Team zieht mit, steuert Typisches aus Ibiza, Mallorca, Brandenburg, Georgien, Syrien, Iran, Meck-Pomm bei.

Dagmar Wohlgemuth-von Reiche hat das berühmte, besternte »Noma« in Kopenhagen besucht. Ein Erlebnis, ohne Frage. »Aber ich kam zurück auf den Hof, und mein Herz ging auf.« Dieser Ort, ihre Arbeit sind ihr Antrieb. Vor allem, seit vor einiger Zeit ein Schicksalsschlag ihr Leben veränderte, ihr Mann, charmante Seele des Betriebs, Opfer eines schweren Verkehrsunfalls wurde und nun nicht mehr aktiv dabei sein kann. Sie entschied: weitermachen. Für sich, fürs Team, für die Gäste.

»Wir sind einer der wenigen demokratischen Orte«, findet sie. »Hier sitzt der Hartz-IV-Empfänger neben dem Multimillionär.« Die Gäste kommen das erste Mal oder jeden Tag oder eben immer, wenn sie in Berlin sind. Und die meisten nehmen sich am Ende noch Blumen mit.

Hofcafé bei Mutter Fourage, Chausseestr. 15a, 14109 Berlin-Wannsee, www.hofcafe-berlin.de

UNTER DER HOCHBAHN 23

JULES B-PART AM GLEISDREIECK

Janusch Munkwitz holt Cappuccino nach draußen zu einem der langen, ordentlich gezimmerten Holztische unter weißen Bistroschirmen und bringt gleich noch Kekse mit. Neues Rezept: Hafer, Apfel, Zimt. Den Teig, erzählt er, machen sie in der Pizzateigmaschine, rollen ihn, frieren ihn ein und backen die portionierten Kekse morgens frisch auf. Die Cookies, schön saftig und mürbe, schmecken prima, wenn auch schon ein wenig nach Herbst. Dabei scheint die heiße Sonne auf den Park am Gleisdreieck, der Teil des Bauprojektes »Urbane Mitte« ist, das eine der letzten großen Brachen zwischen Mitte, Schöneberg und Kreuzberg nach und nach schließen wird. Und mittendrin liegt »Jules Café«.

Ein ungewöhnlicher Ort zwischen denkmalgeschütztem Bahnhof und moderner Architektur: 3000 Quadratmeter Außenfläche, 600 Sitzplätze mitten in der lärmigen Stadt und doch seltsam abgeschieden, mit Blick auf eine erst vor ein paar Jahren angelegte, weite Rasenlandschaft, dichte Baumreihen und graffitibunte Mauern, auf Spazierwege, einen Sportpark und Freizeitflächen, alles dicht am Potsdamer Platz. Kein Auto-, aber U-Bahnverkehr: Alle paar Minuten saust ein gelber BVG-Wurm wie eine Spielzeugeisenbahn über die stählerne Hochbrücke, kein Lärm dringt nach unten. Pause mitten in der pulsierenden Stadt.

Jules Café ist ein Teil des Projektes »B-Part«, eines Geländes, auf dem Co-Working-Spaces geschaffen wurden, eine Galerie für moderne Kunst angesiedelt ist und Freizeitsport-Anlagen. Im Zentrum steht ein mit unbehandeltem Fichtenholz verschaltes Flachdachgebäude samt Bohlen-Terrasse und -Stufen, auf denen es sich prima abhängen lässt. Der Indoor-Teil des Cafés mit SB-Tresen ist klein, man bestellt und bekommt einen Piepser mit, der meldet, wann das Essen abholbereit ist. Wer drinnen warten will, kann sich im Flur vor einem Panoramafoto einen Überblick über Geschichte und Gegenwart des Gleisdreiecks verschaffen. Und begreift: Dieser Ort ist nur auf Zeit angelegt, das Gebäude temporär und relokalisierbar, denn die »Urbane Mitte« am Gleisdreieck verändert sich weiter.

Janusch Munkwitz

Das kann man auch an den unterschiedlich hohen Aufbauten aus weißen Paneelen entlang der Tischreihen draußen ablesen. Die wirken wie eine Art Schallschutzwand, symbolisieren aber, was dort drüben entstehen soll: sieben Gebäude, zwei davon 90 Meter hoch, vor allem für Büros und Gewerbeflächen. Ein Projekt, um das es Streit gibt, das aber wohl kommen wird.

»Wir wissen nicht, wie lange wir hier sein können«, sagt Janusch Munkwitz, Gastronom, Architekt, Designer und Betreiber des Cafés am Gleisdreieck. Die Pläne der Investoren findet er gut. »Das Projekt B-Part soll ja integriert werden, nur wo und wie genau, ist noch nicht klar.« Momentan ist er »einfach dankbar«, das Gelände nutzen zu können.

Sein »Jules« hat auch einen Ableger: das »Jules Geisberg« im alten Postamt in Schöneberg. Er betreibt das »Café Bravo« als Teil der KW-Kunstgalerie in der Auguststraße in Mitte, außerdem zwei Bars, eine Café-Bar und eine Pizzeria in seiner Heimat Stuttgart. Das »Jules« im B-Part aber ist ganz anders.

Janusch Munkwitz, 44, studierter Industriedesigner und Architekt, ist einer, der sich schwer entscheiden kann, ob er nun Baumeister oder Gastronom sein will. Also schafft er beides. Seine erste Kneipe hatte er schon zu Studentenzeiten, später entwarf er Restaurants. Fürs B-Part-Zentrum sollte er sich anfangs nur um das Interieur kümmern. Dann kam das Angebot, die Gastronomie zu übernehmen, ein Co-Working-Café, das auch Parkbesucher bedient. Self-Service, durchgehend Frühstück und Lunch, ein Mix aus Café und Biergarten mit Street-Food-Markt, diversen Containern, an denen man sich Essen und Getränke holt. »Mangiare« verkauft hier Premium-Pizza, zwei weitere Food-Angebote sollen dieses Jahr folgen, »Domberger« hat eine seiner mobilen Bäckereien eröffnet. Es gibt Pilsener Urquell aus dem Kupfertank, Apérol und Campari Soda am Kiosk oder das Ale von »Brlo«, Ben Pommers stadtbekanntem Brauerei-Biergarten gleich nebenan. Der Street-Food-Markt »Bite-Club« ist im »Jules« praktisch zu Hause.

Das Café brüht seinen eigenen Kaffee in zig Varianten: Flat White, Americano, gefiltert – die Baristas haben es drauf. Die Bohnen, handgeerntet in Kolumbien oder Brasilien, Kenia oder Mexiko, kauft ein Head-Röster ein, schonend geröstet wird in Berlin. Auf der Speisekarte steht Fusion-Küche, die nicht beschwert: Frühstück mit hausgemachtem Buchweizen-Granola oder Brioche mit Onsen-Ei, zum Lunch saisonale Bowls, Focaccia mit Dips und Fisch oder Fleisch als Add-Ons. Aus der Backstube kommt, was Hipster lieben: New-York-Cheesecake, Karottenkuchen, Bananenbrot und Zitronen-Mohn-Napfkuchen.

»Ein Ort ist dann gut, wenn er vielen gefällt«, sagt Janusch Munkwitz. So vielfältig der Park, so vielfältig das Publikum im »Jules«: Hip-Hopper und Skater, Mütter mit Kinderwagen und Freizeitsportler, Radfahrer und Street-Food-Fans. Ein großes Plus fällt Janusch Munkwitz noch ein: »Wir haben hier die kitschigsten Sonnenuntergänge.«

Jules B-Part am Gleisdreieck, Luckenwalder Str. 6b, 10963 Berlin-Kreuzberg, www.jules-cafe.de

DIE NEUE LÄSSIGKEIT 24

KINK AM PFEFFERBERG

Biergarten und anspruchsvolles Essen gehen nicht zusammen? Hier ist der Gegenbeweis. Unter hohen Linden auf einem Plateau in Prenzlauer Berg über der verkehrsumtosten Schönhauser Allee liegt der kleine Himmel fürs casual Fine-Dining auf dem ehemaligen Brauereigelände Pfefferberg. Nicht verwechseln: Schnitzel oder Kässpatzn zum Bier, das gibt's gegenüber, auf der anderen Gartenseite im Brauhaus Schankhalle (s. S. 145). Das »Kink« ist der Gegenpol und doch die perfekte gastronomische Ergänzung auf diesem Areal, ab 18 Uhr ein Ort fürs perfekte Dinner mit Platz für 125 Gäste draußen und ebenso viele drinnen – und damit im Sommer auch Berlins größte Cocktailbar. Besser gesagt: ein Bar-Labor, das die Kunst des Pairings versteht, also den passenden Drink zu jedem Gericht zu fabrizieren. »Bei uns wird nicht nur geschüttelt, gerührt oder geworfen«, lautet das »Kink«-Credo. »Wir kochen, infundieren, fermentieren und redestillieren.«

Wie zum Beweis kommt an einem knallheißen Sommerabend zur Begrüßung ein alkoholfreier Pink Drink im Kristallglas-Tumbler: dehydrierte Tomate, etwas Erdbeere, grüner Tee, Kräuter. Schön frisch, leicht belebend. Ein Vorgeschmack auf das Konzept: ausgeklügelte Gerichte, gut zu kombinieren, gut zu teilen. Soulfood, international, aber inspiriert von der nahöstlichen Levante-Küche, verspielt und ausgesprochen kreativ, der Qualitätsanspruch hoch.

Die Macher dieses Restaurants waren Freunde schon im Kindergarten: Oliver Mansaray und Daniel Scheppan. Zwei, die beruflich getrennte Wege gingen und nun, Jahrzehnte später, ein gemeinsames Business am Start haben. Mansaray, 44, gelernter Tischler, studierter Innenarchitekt, immer schon mit Faible für Bar und Küche. Er arbeitete in Hotel- und Restaurant-Bars in Nürnberg, München, Berlin, London. Sein Idol damals: Tony Conigliaro, britischer Barkeeper, Mixology-Künstler und Meister darin, die Aromenwelten von Essen und Trinken zusammenzubringen. »Als der schon mit Destillaten, Marmeladen, Kräuterauszügen und Ölen arbeitete, hat man in Deutschland noch Spirituosen zusammengeschüttet«, sagt Mansaray.

Oliver Mansaray (l.) und Daniel Schepp

Große Ziele, die Lust am Experiment war da, Erfahrung holte er sich als Barkeeper im Berliner »Soho House« und im »Katz Orange«. 2017 kam das Duo wieder zusammen: Geschäftspartner Daniel Scheppan, 44, ebenfalls gelernter Tischler, lange als Tourmanager im Ausland, wechselte von London nach Berlin. 2017 starteten die beiden eigene Pop-up-Dinner; schon ein Jahr später erhielten sie den Zuschlag für das freiwerdende Restaurant auf dem ehemaligen Brauereigelände Pfefferberg, zuvor ein mittelmäßiger Tapas-Laden auf zwei Stockwerken, 650 Quadratmeter im Inneren, 400 im Garten. Ein Risiko. »Manche«, sagt Mansaray, »dachten, wir hätten den Größenwahn.«

Für den Umbau profitierten sie von ihren Lehrberufen, setzten eigenes Design um, gaben Räumen einen neuen Zuschnitt, entfernten Treppen, schnitten Decken aus, versetzten Säulen, öffneten die Küche, arbeiteten Mobiliar auf. Das Ambiente lebt von Kontrasten: raue Baustoffe und altes Holz, Designersofa und Ebay-Funde, Metallkunst und Berberteppiche unter einer schwebenden Neonskulptur. Das Draußen ist Biergarten in Edelversion, selbst die Industrieleuchten, die an Ketten in den Linden hängen, sind Fundstücke, per Hebebühne in die Äste gehievt.

So innovativ ist auch das Konzept für die Küche unter Leitung von Ivano Pirolo, der bei den Roca-Brüdern in Spanien in einem der weltbesten Restaurants gekocht hat und in Berlin im Sternerestaurant »Facil«. Sein Team ist international besetzt: deutsch, südkoreanisch, skandinavisch. Das merkt man den Kreationen an, etwa dem Ceviche mit Takju und Koriander oder der Kombination von Lauch, Mandel, Seetang-Kaviar und Sauerampfer, dem Oktopus mit Nduja-, also Schweinswurst-Sauce und dem Wagyu-Carpaccio mit Ochsenherztomate und Zwetschge, dem Sandwich mit geräuchertem Brandenburger Aal, Granny Smith und Zitronenverbene oder der besonderen Pasta. Die Karte wechselt häufig, alle zwei, drei Wochen werden Gerichte ausgetauscht. Langeweile kommt auch bei den Drinks nicht auf. Für hauseigene Destillate arbeitet das Team mit einem Rotationsverdampfer, stellt aus Kräutern und Gewürzen Öle und Essenzen her – für beides, Bar und Küche.

Das Publikum scheint die »Kink«-Linie zu mögen, hier trifft sich ein bunter Mix aus Künstlern und Start-up-Gründern, Einheimischen und Touristen, klassischen Foodies und Bargängern. Morgens ab neun kommen Frühstücks- und Kaffeegäste ins Café »Frank« nebenan auf einen French Toast, Sandwiches, Kuchen, Cookies oder mittags zum leichten Lunch, sitzen im Biergarten oder können in gemütlichen Lounge-Ecken versinken.

Mittlerweile hat das »Kink« sieben Tage die Woche offen. Ein lässiger, junger Ort, einer mit Anspruch, weit weg von Förmlichkeit. Kann sein, dass der Sommelier den Drink in kurzer Hose und Birkenstocks serviert. Oliver Mansaray gefällt das. »So viel Lockerheit muss man sich erst verdienen«, sagt er. »Wir tun das mit Qualität.«

Kink am Pfefferberg, Schönhauser Allee 176, 10119 Berlin-Prenzlauer Berg, www.kink-berlin.de

WEDDING KREATIV 25

MARS SILENT GREEN

Heute fahren wir mal zum Abschalten nach Wedding. Man zweigt ab in die Gerichtstraße, ein Stück weg vom Verkehrswahnsinn der Müllerstraße, ein paar Schritte abseits des Problemquartiers Nettelbeckplatz, geht in Richtung Alter Urnenfriedhof und nimmt dann den Eingang nebendran. Der Weg führt an Wiesen entlang zum ... Krematorium. Klingt morbide, ist es aber nicht.

Das Krematorium ist heute ein umgebauter und angesagter Veranstaltungsort, die gesamte Anlage ein Kulturquartier für alles, was Kunst heute zu bieten hat: Film und Dokumentation, Design, Musik und Diskurs, medienübergreifende Ausstellungen und Tagungen, Lesungen und Seminare. Ein Campus, offen für alle, Touristen, Kiezbewohner und Laufkundschaft. Herzstück ist ein Restaurant im Innenhof, still, grün und nicht von dieser lärmigen Welt: »Mars Silent Green«.

Initiatoren und Geschäftsführer des großen Ganzen sind die Filmemacher und Multimedia-Autoren Jörg Heitmann und Bettina Ellerkamp. Sie erwarben das 1901 erbaute und 2001 stillgelegte Krematorium samt Kuppelhalle, ließen es sanieren und schufen ein interdisziplinäres Kulturquartier. 2015 starteten die Veranstaltungsreihen, 2019 war ein zusätzlicher Eventstandort fertig, die 1600 Quadratmeter große unterirdische Betonhalle für medienübergreifende Ausstellungen und Produktionen. Idee und städtebauliche Umsetzung des Campus – klimafreundlich mit Grünanlagen und Regenwassernutzung – wurden vielfach preisgekrönt. Ein wieder zum Leben erwecktes Baudenkmal.

Wenn Jan Körner über die Metalltreppe, vorbei an fassadenkletternden Ranken zum Dachgarten des Seminargebäudes hinaufführt, erschließt sich der grüne Ansatz des Projektes noch mehr. Unten ausgedehnte Wiesen, auf denen es sich herrlich ausruhen, Pause machen, nachdenken, picknicken, mit den Kindern spielen lässt. Oben, auf 150 Quadratmetern Terrasse, richtig große Hochbeete, eine Fülle von Kräutern, Obst und Gemüse. Fette Ballen Salbei und Minze, Stauden mit essbaren Blüten, dazwischen die langen Hälse der Sonnenblumen oder Beerensträucher. Lila Möhren wachsen da, Rote Bete, Zucchini und Auberginen, Salat, Süßkartoffeln, Schluppen.

Jan Körner

Das reicht zwar niemals fürs komplette Tages-, Abend- und Cateringgeschäft der »Mars«-Küche, aber doch, um den Gerichten einen imagestimmigen Akzent zu verleihen. Ganzheitlich und grün, handwerklich gut, mit heimischen Produkten täglich frisch gekocht. »Es fliegt meist noch ne Handvoll Kräuter für die Freshness drauf«, sagt Jan Körner, kulinarischer Leiter dieses Quartiers. Neulich hätten sie ein Dachgarten-Special für neun Euro auf der Karte gehabt, dafür wurden Salat, Auberginen, Kohlrabi eben morgens geerntet.

Um die 30 Mitarbeiter hat sein Kernteam; die stemmen nicht nur eine Sieben-Tage-Woche mit Frühstück, Lunch, Dinner und Wochenend-Brunch, sondern auch Caterings und Veranstaltungen für bis zu 600 Personen. Nachhaltigkeit spielt immer eine Rolle: Der Espresso ist aus Fair-Trade-Bio-Bohnen, die Bowl bei Konzerten kommt im Glas, nicht in der Wegwerf-Verpackung. Fairness auch beim Lunch und Brunch: Sharing is caring.

Der Koch Jan Körner, 38, ist Pragmatiker mit 19 Jahren Erfahrung im Beruf und Stationen unter anderem im Berliner »Paris-Moskau« oder »Herz und Niere«. Im »Mars« setzt er auf zeitgemäß interpretierte Klassiker und gemüselastige (Sommer-)Gerichte: Omas Backfisch mit Kartoffel-Gurkensalat oder Falafel-Bowl mit Kichererbsencreme, eingelegtem Kraut und Tahini-Joghurtdressing, auf Pasta wie die Penne Aglio e Olio mit mediterranem Grillgemüse oder besondere Snacks wie Pulpo mit grünem Tahini und Limettenduft oder Hong-Kong-Fries mit Hoisindip, Karotten und Frühlingslauch.

Die Brunchkarte – Samstag und Sonntag von 10 bis 14.30 Uhr – bietet bevorzugt levantinische Akzente: Falafel mit Hummus und Tahini-Joghurt, einen Rosmarintoast mit Bio-Landei, Spinatsalat und Sauce Béarnaise oder Strammer-Max-Waffel mit Bio-Spiegelei, Käsecreme, Avocado und Wildkräutern. »Die Brunch-Qualität gibt's nicht häufig«, sagt Körner. Die Dinner-Snackkarte will er ausbauen, Bar ist das »Mars« ohnehin schon mit eigener Weinserie und kleiner, feiner Cocktailkarte.

Häufig finden Specials statt, letztes Jahr ein Barbecue mit passenden Drinks, eine Messe mit hochpreisigen Weinen, ein Sommerfest auf der Wiese, ein Wintermarkt zum Advent. Wer nicht einkehren will, holt sich einen leckeren Wrap oder Kuchen im »Little Mars«, dem Kiosk gleich neben dem Eingang. So viel Vielfalt kommt an, das Stammpublikum wächst. »Die Menschen, die wir glücklich machen, tragen das weiter«, sagt Jan Körner.

Bleibt die Frage: Wieso eigentlich »Mars«? Planetarische Stille? Ein Projekt wie von einem anderen Stern? Könnte alles zutreffen, aber die lebensgroße Marmorskulptur eines Apollo-Astronauten im Hof ist nur ein Gag, als Dauerleihgabe des Künstlers Björn Melhus geblieben nach einem Event zu 50 Jahre Mondlandung. Das Wort »MARS« hat er aus den Buchstaben einer Leuchtreklame gebildet, die am Ort gefunden wurde: Osram.

Mars Silent Green, Gerichtstr. 35, Seiteneingang, 13347 Berlin-Wedding, www.mars-berlin.net

MAJESTÄTISCHES ERBE 26

ORANGERIE IM KÖRNERPARK

Für wen, in aller Welt, wurden diese monumentalen Freitreppen geschaffen? Unendlich viele, flache Steinstufen, über die es sich königlich hinabschreiten ließe, breite Brüstungen, auf die vier, fünf Hände nebeneinander passen. Sieben, acht Meter geht es hinunter zu einem Karree aus feinem Kieselschotter, unterbrochen von Bäumen in Kugelschnitt, Rasenquadraten, Palmen, Oleander, Lorbeer, Wandelröschen in Kübeln. Ein Auftritt für Majestäten. Eigentlich.

Unten kommt man vor der Orangerie an – und fremdelt trotz all der Weite kein bisschen, ein Gefühl, als sei man hier gut aufgehoben. Dieses langgestreckte Gebäude mit den gerundeten Sprossenfenstern, die Fassade dicht efeubewachsen, das Gartenmobiliar aus dunkel gebeiztem Holz, die hellen Leinenschirme: eine ruhige, mediterrane Kulisse. Die Orangerie im Körnerpark hat einiges zu bieten: ein Café-Restaurant, das abends zu Bar wird, und im gleichen Gebäude eine etablierte Galerie. Kunst plus Genuss.

Einmal umdrehen, und man darf nochmal staunen: Es öffnen sich 2,4 Hektar Parkpanorama, ein barocker Riesengarten, der die mächtige Treppe im Nu erklärt. All das in Berlins Problembezirk Neukölln. Nun ja, in Wirklichkeit befinden wir uns im dörflichen, einst böhmischen Berliner Ortsteil Rixdorf. Zwischen Jonas-, Schierker- und Wittmannsdorfer Straße liegt ein Park in einer Senke, der ehemaligen Kiesgrube des Industriellen Franz Wilhelm Theodor Körner. Er hinterließ das Gelände 1910 der Stadt Rixdorf mit der einzigen Auflage, aus ihr solle ein Park werden, der seinen Namen trägt.

1916 wurde die neobarocke Anlage eröffnet, eine Art Schlossgarten fürs Volk. Die Stadtväter, so ist verbürgt, wollten dem »umgebenden Stadtviertel ein besonders schmuckvolles Gepräge geben«. Dies sollte »zur Schaffung einer besonders bevorzugten Wohngegend anspornen«. Ein guter Plan, was Neukölln heute betrifft, nur partiell gelungen.

Der denkmalgeschützte Körnerpark hat in aller Pracht überlebt. Das war nicht immer so, er lag in der Einflugschneise des innerstädtischen Flughafens Tempelhof. Ruhe kehrte erst ein, als der Airport 2008 dichtgemacht wurde. Die Parkanlage ließ der Bezirk über Jahrzehnte sanieren: Kaskaden und Kanäle,

Max Gerolstein (l.) und Simon Braus

Mauern und Orangerie. Dazwischen erstreckt sich eine von Bäumen umstandene, weite Rasenfläche. Mächtige Kübel und steinerne Amphoren wurden neu bepflanzt, Stauden- und Rosenbeete frisch angelegt.

Moderne Kunst ist nicht weit: Die Galerie in der Orangerie existiert seit 1983, eine kleine, feine Adresse mit Ausstellungen nationaler und internationaler Künstler, die auch Projekte mit Kiezanbindung pflegt. Nun hat der Kunstbetrieb neue Nachbarn im Haus. Im Mai 2022 eröffneten Simon Braus, 38, und Max Gerolstein, 37, das Café in der Orangerie, zwei mit dem Anspruch, den Ort zu einem Treffpunkt für alle zu machen. Mit gutem, günstigem Mittagstisch und einladendem Cafébetrieb, als Bar am Abend und mit der Möglichkeit fürs private Dinner in einem neuen Raum neben der frisch ausgebauten Küche. Ein Ort mit Live-Musik und DJ-Events, softer elektronischer Musik, Jazz, Soul und Singer/Songwriter-Sound. Drinnen ist das Lokal inspiriert von großen Caféhäusern: hohe Decken, Terrazzo-Tresen, Kugelleuchten, dunkle Barhocker, helle Bistrotische.

Beide Inhaber besitzen Gastro-, Hotellerie- und Event-Erfahrung, betrieben fünf Jahre in Neukölln die Bar »Schwelgerei« in der Sanderstraße – ihr »Testballon« für Größeres, wie sie sagen. Mit der Orangerie haben sie Neuland betreten, dort servieren sie ausschließlich Veganes. Küchenchefin Finia Ulmer bietet eine mediterrane, levantinisch angehauchte Küche. Eine, die's kann; zuvor arbeitete sie im Kreuzberger Gourmetrestaurant »Lode & Stijn«.

Zum Antipasti-Teller schickt sie hausgebackene Focaccia, toppt die Caponata mit Olivencreme, fermentiert Gemüse. Sie kombiniert Auberginenragout mit Taboulé und Fladenbrot und Süßkartoffelcreme mit frittierten Kapern und roten Zwiebeln. Passionierte Bäckerin ist sie sowieso, zeigt, wie gut veganer Mohn- oder Käsekuchen schmeckt oder ihre Schoko-Himbeer-Torte. Zum Dessert dürfen es dann Minicakes mit kandierter Orange und Mandeln sein. Das Feedback des gemischten Berliner- und Touristen-Publikums? Ausnahmslos positiv.

Max Gerolstein bringt zum Gespräch einen Milchkaffee mit an den Gartentisch und wartet auf die Reaktion. Wunderbares Röstaroma, etwas nussig, irgendwie besonders. Die Bohnen kommen von »Vote«, einer Community-Rösterei, die Crema ist geschäumte Hafermilch. »Mich hat sehr erstaunt, wie wenig wir selbst beim Kaffee anecken«, sagt er. Beide Inhaber sind überzeugt, dass pflanzliche Ernährung ein »unfassbar großes Thema« ist. Für die Bar setzen sie gern auch auf regionale Brennereien. Ein modernes Konzept, selbstverständlich und alles andere als dogmatisch.

Scheint, als gefiele das selbst dem steinernen Putto drüben im Rosenbeet. Er lässt sich dauernd mit bacchantischem Vergnügen die Trauben in den Mund gleiten.

Orangerie im Körnerpark, Schierker Str. 8, 12051 Berlin-Neukölln, www.orangerie-nk.de

DER IST 'NE MARKE

27

PRATERGARTEN

Er ist Berlins Ältester, ein Charakter; Brauereiwerbung oder Werbelogos auf Sonnenschirmen braucht er nicht. Er ist eine Institution seit 1837, spricht, seit er im Mai 1996 mit großem Festspektakel wiedereröffnet wurde, auf Tafeln die Bildsprache von Illustrator Henning Wagenbreth: eigene Schrift, karikierende Bilder. So skurril und humorvoll einst sein Mix aus Musik, Agitation und Lustbarkeiten, so stimmig sein Jetzt. Wer Bier aus Butzenscheibenkrügen liebt und deftige Hausmannskost, wer gemütlich zusammensitzen will, abseits einer der lärmigsten Kreuzungen in Prenzlauer Berg, kommt in diesen Biergarten. Die Zeiten änderten sich, der Pratergarten ist geblieben.

Ein gewisser Anton Porath hat wohl 1837 in der Kastanienallee 7 in einer Bude mit dem Bierausschank begonnen. Ab 1852 baute der neue Besitzer Johann Friedrich Adolph Kalbo um und aus, eröffnete ein »Café chantant«, ein Etablissement mit Sommergartenbühne für Musik, Possen, Operetten, kurz: fürs »Amüsemang«, genehmigt von der Preußischen Theaterpolizei. Politische Veranstaltungen durften nur im Saal stattfinden. Café sagte keiner, sie nannten den Ort: Prater.

Die Preise waren günstiger als anderswo, doch der Laden musste laufen. Bald machten neben Tingeltangel auch Filmvorführungen den Saal voll, nur seriöses Theater floppte. Die Brauerei Schultheiß-Patzenhofer übernahm den Standort, der »Berliner-Kino-Betrieb« wurde Generalpächter, Wirtin Martha Kalbo gab auf. Kino brachte das schnelle Geld, die Stars der 1930er Jahre ließen sich sehen: Hans Albers, Rudolf Platte; Paul Lincke dirigierte das große Orchester.

Den Zweiten Weltkrieg überstand der Prater ohne große Blessuren, das Programm mit Tanz und Chansonnieren konnte wieder starten. Die Volksbühne, deren Theater am Rosa-Luxemburg-Platz zerstört war, bespielte den großen Saal. Der Biergarten war zu DDR-Zeiten einer für alle(s): Buden, Karussells, Musiknachmittage, Kinderfeste, Tanz, Kino, Konzerte, Parteikonferenzen. Der Prater, ein »Kreiskulturhaus«, 3000 Veranstaltungen allein 1984.

Nach der Wende? Zwei Jahre Programm ohne Konzept, dann Schließung des Geländes. Millionen aus dem Topf Aufbau Ost sollten Theater und Biergar-

ten schick machen. Klappte nicht wie geplant. Der Bezirk überließ den Saal der Volksbühne. Der Prater blieb ihre zweite Spielstätte, eine, die zwar zwölf Jahre mit Zwischennutzungen leben und wegen ungeklärter Eigentumsansprüche auf einen geregelten Betrieb warten musste, doch wohl dieses Jahr renoviert wieder öffnet.

Der Pratergarten begann zu Pfingsten 1996 wieder laut zu leben: Die Pratergarten GmbH als neuer Mieter, gegründet von den Privatleuten Thomas Rothe und Ralph Martin, machte aus der Baracke ein Berliner Gasthaus, aus vielen kleinen Räumen einen großen mit langem Tresen, holzverschalten Wänden und dunklem Parkett. 130 Plätze drinnen, ebenso viele auf der Terrasse. Henning Wagenbreths Plakat zur großen Eröffnungssause am 25. Mai 1996 kündigte an: »Kaffee und Kuchen! Brezeln und Tanz! Bier und Wein! Suppen aus der Kanone! Ein Stück Zirkus und Blasmusik! Zwei ganze Orchester und eine Band!«

Es ging wieder was: Künstler-Stammtische, es durfte geraucht werden, jeden ersten Freitag im Monat spielte die Berliner Liveband Riff-Raff-Club. Bier vom Fass und Essen wie bei Muttern, die Speisekarte handgeschrieben, die Kellnerinnen tätowiert, in der Küche ein eingeschworenes Team. Das Publikum war bunt, die Familien kamen mit den Kindern, und die Kinder von damals kommen noch heute.

Zwar ist die viele Millionen teure Sanierung des Theaters der Volksbühne nebenan auch nach mehr als fünf Jahren noch immer nicht abgeschlossen. Und der Bezirk musste nach einem langwierigen Rechtsstreit mit Prater-Inhaberin Dagmar Hillig darauf verzichten, auch den Biergarten umzubauen. Geplant war ein Gelände im DDR-Retro-Stil, dafür hätten auch Bäume gefällt werden müssen.

Jetzt steht fest: Aufgesetzte Ostalgie findet hier nicht statt. Der Pratergarten darf bleiben, wie er war – zumindest so ähnlich. »Keine Musik, keine Feuerschlucker«, sagt Geschäftsführerin Dagmar Hillig. »Es soll ruhig bleiben hier.« Um 23.30 Uhr gehen in der Saison die Lichter aus. Hillig führt die die Geschäfte seit dem Tod ihres Mannes Thomas Rothe zusammen mit Gastronom Sebastian Schulz. Zwei, die bewusst im Hintergrund bleiben und das Konzept, wie sie sagen, behutsam angepasst haben.

Bei der gutbürgerlichen Kost ist es geblieben, unabhängig von Trends: Kasseler und Wiener Schnitzel, Tafelspitz und Senfeier, im Winter Ente, Gans, Wild. Dazu ein süffiges Prater-Fassbier. Die Portionen sind großzügig, besser nicht auch noch Kartoffelsuppe als Vorspeise wählen. Draußen, an den Biertischen unter mächtigen Kastanien, isst man schlichter, holt sich den Teller von der Bude: Thüringer Rostbratwurst und Boulette, bayerischen Leberkäs' und Brezeln. Keine Pizza, keine Pommes. Verpflegung mitbringen, das war mal. »Wir sind ja kein öffentliches Gelände«, sagt Dagmar Hillig.

Das Publikum liebt seine Prenzlauer Berger Stadtoase. Mindestens ein Drittel sind Stammgäste aus dem Kiez, ein Großteil Touristen oder Leute aus dem großen Berliner Einzugsgebiet. Entdeckt hat ihn noch nicht jeder. »Ich bin immer wieder erstaunt«, sagt Sebastian Schulz, »wenn ich in anderen Bezirken höre: ›Mensch, Prater, da waren wir ja noch nie!‹«

Pratergarten, Kastanienallee 7, 10435 Berlin-Prenzlauer Berg, www.pratergarten.de

UNTER DEN LINDEN 28

RESTAURANT INSEL LINDWERDER

Wer hier essen gehen will, muss erstmal klingeln. Und 200 Meter Havelwasser ab Ostufer im Grunewald überwinden. Man könnte rüberpaddeln, das Inselchen Lindwerder liegt in Sichtweite. 2,2 Hektar klein, Rest einer eiszeitlichen Moränenplatte, ein Eiland zwischen Lieper Bucht und Kleiner Steinlanke. Die Linde, slawisch: »Lipa«, tragen Bucht und Insel im Namen, um die 60 Exemplare der duftenden Baumsorte sollen dort noch stehen. Ein Ausflugsziel war Lindwerder schon 1905, als eine öffentliche Fähre die Gäste schipperte. Ein Yachtclub erkor es zu seinem Standort, doch ein Lokal gibt es erst seit 1971.

200 Meter weg vom Parkplatz Lieper Bucht liegt der Bootsanleger. Jemand hat die Glocke geläutet, die blaue Privatfähre nimmt Kurs auf den Steg, die Überfahrt dauert nur ein paar Minuten. Hin und zurück kostenlos, Räder und Hunde inklusive. Fährmann ist Hans Hundhammer, 72. Dem Lebensmittellieferanten, der gerade am Ufer auslädt, geht er zur Hand, hievt Karton um Karton auf die Fähre und befördert dann in aller Ruhe Fahrgäste und Warenlast. Hundhammer gehört hier zum Inventar; er war Jahrzehnte der Wirt auf Lindwerder, ehe er aus gesundheitlichen Gründen das Lokal abgab. Nun ist er einer von vier rüstigen Kapitänen, die im Zweitagesrhythmus Fährdienst machen. So bleibt er seiner Insel erhalten.

Alles ist ziemlich neu hier: Service, Küche, Terrasse, Restaurant-Ambiente. Pächter Wanja Oberhof, ein sportbegeisterter Investor, spezialisiert auf Technologieunternehmen, hatte das Lindwerdersche Restaurant schon vor Jahren entdeckt, es aufgemöbelt und an ein neues, professionelles Team übergeben. 2021 wechselte die Leitung noch einmal, nun haben zwei junge Frauen das Sagen: Geschäftsführerin Antonia Oelmann und Restaurantleiterin Samira Assmann, beide 30, beide event- und gastroerfahren. Ihr Plan: Lindwerder als Location richtig bekannt zu machen, mehr junges Publikum und Familien anzulocken. Mit mediterraner, leichter, schmackhafter Küche zum Havelblick, mit Wochenend-Brunch unter Bäumen, mit Sundowner auf der riesigen Terrasse. Die allererste Saison 2022 war schon ein Volltreffer, es kamen junge Familien, Paare, Ausflügler, Sonnenhungrige, Bootstouristen, die an einem der

Samira Assmann (l.) und Antonia Oelmann

25 Bootsanleger festmachten. Ein Boom-Sommer, ein hoffnungsvoller Neustart.

Das muss nicht verwundern, auf Lindwerder essen zu gehen oder einen Sonnentag zu verbringen, ist wie ab in den Urlaub. Erst Schiffchen fahren und, kaum auf der Terrasse, kurz verweilen auf einer der Holzbänke rund um Linden und Birken. Aufs Wasser gucken, der Wind leicht böig, ideal für die Segler dort draußen. Vorn am Ufer wogt ein Seerosenteppich. Auf 800 Quadratmetern Terrasse ist Platz für um die 300 Gäste. Geöltes Teakmobiliar, neue Naturholztische auf dunklem Eisengestell, hochwertige Regiestühle mit neuem Logo. Einige bequeme Loungesofas und -sessel, da lässt es sich mit einem Drink gut chillen.

Das Restaurant drinnen: ein bisschen maritim, ein bisschen Skandi-Chic. Frisch abgeschliffener Parkettboden, holzverschalte Bar, meeresblaue Wände. Geschmackvolles Innendesign vom Architekten. »Die Wandfarbe haben wir selber gemixt«, sagt Antonia Oelmann ein wenig stolz. Eigentlich passt sie perfekt ins Ambiente: groß, langes blondes Haar, skandinavischer Typ. Bei einem Lindwerder-Event vor fünf Jahren verliebte sie sich sofort in den Ort. Die Betriebswirtschaftlerin hat jahrelang in einem Start-up Hoteleröffnungen gemanagt, in Spanien, Los Angeles, Australien; in Deutschland war sie zuvor sechs Jahre nicht.

Und dann erobert der Grunewald ihr Herz? »Klar«, sagt sie. »Zwanzig Minuten raus aus Berlin, und man fühlt sich wie in den Ferien.« Mit Stellvertreterin Samira Assmann, die bereits seit sieben Jahren zum Inselrestaurant gehört, arbeitet sie am Imagewandel für Lindwerder, weg vom Kaffee-und-Kuchen-Ziel, weg von einer Schnitzel-und-Gulasch-Ausflugsgaststätte, hin zu zeitgemäßer, mediterran angehauchter Küche – professionell zubereitet, schön angerichtet, freundlich serviert.

Sie hätten viel ausprobiert vor der Eröffnung, sagt sie, Probeessen mit Freunden organisiert, die Gerichte bewerten lassen, dreimal die Karte geändert, weg von zu viel Chic, hin zur Wohlfühlküche. Das Schnitzel gibt es immer noch, jetzt aber eben mit Kalb, knusprig, zart. Die frische Pasta soll schmecken wie am Mittelmeer, die Gnocchi sind, logisch, handgemacht, das Risotto schön sämig. Die kleine Karte – fünf Gerichte pro Gang – wechselt nach Saison, drei Specials sind täglich neu. Den Kuchen liefern lokale Bäckereien, der Kaffee ist, naturalmente, Lavazza.

Bisher war im Oktober Saisonausklang, etwa mit einer schicken Oktoberfest-Version und cooler Band, Oelmann und Assmann setzen auch auf den Winterbetrieb – außer Januar und Februar. Wer im November/ Dezember nach Lindwerder will für Jubiläen, Firmen- oder Weihnachtsfeiern, kann für Gruppen buchen. Wenn die Havel nicht zufriert. Wer sagt denn, Inselleben sei nur im Sommer schön?

Restaurant Insel Lindwerder, Havelchaussee 43 / Parkplatz Lieper Bucht, 14193 Berlin-Grunewald, www.lindwerder.de

NAUTISCHE GESCHICHTEN *29*

RESTAURANTSCHIFF CAPT'N SCHILLOW

Jemand reserviert einen Tisch zu einem 80. Geburtstag. Es stellt sich heraus, die Jubilarin ist die Urenkelin des Schiffsbauers, ihre Mutter ist auf einem brünierten Foto im Restaurant unter Deck zu sehen, auf dem Arm von Mama Bertha neben dem Konstrukteursgatten.

Oder: Eine junge Frau deutet auf eines der Messingschilder unter den Bullaugen, auf denen die Namen der Spender aus dem Emdener Verein verewigt sind, die die Restaurierung des Schiffes mitfinanziert haben. Und sie sagt, guck mal, das da ist der Bruder meines Großvaters.
Manche Gäste bringen nautische Geschichte(n) mit.

Der Bauch der »Capt'n Schillow« steckt voller Seemannsgarn. Auf Ölbildern an dunklen Holzwänden stampfen Dreimaster durch wogende See, Schiffsmodelle thronen auch zwischen den Spirituosen an der Bar. Ambiente einer ehemaligen Segelschute, 1909 erbaut auf der Werft Johan Thormählen in Elmshorn, als Stahlrumpf-Dreimaster 30 Jahre auf Fahrt unter Klüver, Fock, Groß- und Besansegel, später in Cuxhaven umgebaut und unter Motor eingesetzt für Handelstransporte nach Skandinavien, ab 1984 Vereinssitz des Emdener Yachtclubs und seit 1996 in Berlin als Restaurantschiff fest vor Anker. Ihr Namenspatron Werner Schillow, Eigner einer der ältesten Reedereien Berlins, Schiffsmakler und Nautiklehrer, guckt auf einem gerahmten Foto stolz am Betrachter vorbei. Ein schicker, ergrauter Barttyp im Blazer, ein Mann von Welt, der gern seinen 300er Mercedes durch die Stadt lenkte, verstorben 1998. Seine patente Frau Brigitte war Berlins erste Kapitänin.

Am Charlottenburger Tor führen Stufen hinunter zum Landwehrkanal, zur Uferböschung, wo Stauden, Holunder und Hopfen wuchern. Den knallblauen Rumpf und die Decks der »Capt'n Schillow« entdeckt erst, wer schon fast auf den Planken steht, neben mit Rosen, Lilien, Geranien oder Efeu bepflanzten Kübeln. Vom Verkehr, der oben über die Straße des 17. Juni braust, ist nichts zu hören. Eine Atmosphäre wie auf dem Hausboot; träge fließt das dunkle Wasser des Landwehrkanals.

Georgi und Tanja Künnemann

Georgi Künnemann kommt aufs zweite Oberdeck. Viel Muße hat er nicht, der 53-jährige Restaurantfachmann und seine Frau Tanja, 45, halten den Betrieb unter großem Einsatz auch in Personalmangel-Zeiten am Laufen – zuvorkommend, die Atmosphäre familiär. Mit seinem früheren Geschäftspartner Norbert Knüppel hat er die »Capt'n Schillow« 1996 aus Emden geholt und zum schwimmenden Restaurant umgebaut. Knüppel war Kapitän auf dem Schiff des Berliner Grand Hotels Esplanade, Künnemann kam beruflich mit an Bord. Gemeinsam etablierten sie die Schillow als Restaurant mit gut bürgerlicher norddeutscher Küche. Als der Käpt'n starb, machte das Ehepaar mit Küchenchefin Phary Keck weiter.

»Dieses Schiff ist eine Oase«, sagt Künnemann, gebürtiger Berliner, aufgewachsen in Bulgarien, zurückgekehrt an die Spree. Seine Frau, studierte Betriebswirtin, lernte er in Bulgarien kennen und lotste sie her. Die Tochter, die Zahnmedizin studieren will, jobbt fleißig mit.

Norddeutsche Fischküche in Berlin? »Das passt zum Schiff«, sagt Georgi Künnemann. Die Karte bietet zwar neben knuspriger Dorade, Steinbutt und Seezunge zwar auch Ribeye-Steak und Duroc-Schwein, aber die meisten kommen, weil die Matjes in Sauerrahmsauce mit Äpfeln, Zwiebeln und Dill so frisch schmecken, der Brathering wie an der Küste, die Forelle wie eben aus dem Wasser gezogen. Letzteres könnte stimmen, denn ein früherer Kollege, passionierter Angler, bringt seinen Fang jedes Wochenende aus Brandenburger Gewässern zur »Capt'n Schillow«. Auf ihr Labskaus sind sie hier stolz. Die Küche lässt die gepökelte Rinderbrust mit Kräutern und Aromaten lange zartköcheln, dazu schmecken Matjes, Pellkartoffeln, Rote Bete, Gewürzgurke und Spiegelei. »Es gibt Gäste«, erzählt Tanja Künnemann vergnügt, »die sagen, wenn's das heut' nicht auch zum Brunch gibt, kommen wir nicht.«

Zur »Capt'n Schillow« zieht es die Leute – gut die Hälfte Stammpublikum, 20 Prozent Touristen – auch zum Feiern: Jubiläen, Geburtstage, Hochzeiten, Firmenanlässe. Wer lieber Fahrt macht, mietet die zum Restaurant gehörige »MS Pauline«, einen 16 Meter langen Schlepper mit Dreizylinder-Calessen-Motor für eine Kanalfahrt mit Büffet oder Knusprigem vom eingebauten Grill. Einst war »Pauline« Hilfsschlepper der Kaiserlichen Marine unter Wilhelm II., ehe drei Bootsfreunde, darunter besagter Kapitän Knüppel, sie vor dem Versinken in der Nähe von Greifswald retteten. »Das Geräusch dieses Dieselmotors aus den Vierzigern ist einzigartig«, sagt Georgi Künnemann. Alles Schleppertypische haben sie beim Umbau drin gelassen.

Punkt Zwölf sind die ersten Gäste da, auf dem Hauptdeck sitzen sie unterm Sonnensegel. 50 haben dort Platz, 20 im gläsernen Wintergarten, 20 weitere in der Lounge, im Restaurant unten nochmal 50. Auch dem russischen Gazprom-Chef soll es hier gefallen haben. Der sei vor ein paar Jahren mit seiner Frau, seinem Team und rund zehn Bodyguards zum Essen da und begeistert gewesen. Vermutlich der einzige Gast, den die Künnemanns nicht so bald wieder erwarten.

Restaurantschiff Capt'n Schillow, Str. des 17. Juni 113, 10623 Berlin-Charlottenburg, www.capt-schillow.de

MARITIM TRIFFT ALPIN 30

RESTAURANTSCHIFF KLIPPER

Riesig, dieser Zweimaster, am Steg vertäut. Wie sein satt grüner Rumpf leuchtet auf dem Wasser zwischen all den Seerosen. Mehr als 31 Meter lang und 5,70 Meter breit, 24 Meter hohe Masten. Für einen Klipper, Baujahr 1890, jene als schnelle Frachtsegler konzipierten Riesen mit scharf geschnittenem Bug, ist das eher klein. Der Klipper ist ein Plattboden-, kein Kielschiff; er brachte früher mal im holländischen Wattenmeer leicht verderbliche Lebensmittel zu den friesischen Inseln. Nicht gemacht für hohe See, aber ein schnelles Transportmittel.

Den entert keiner mehr, um abzulegen, sondern, um es sich schmecken zu lassen. Der »Klipper« ist das Restaurantschiff in Treptow. Sein eigentliches Deck – drunter zwei Gasträume mit 60 Plätzen – betritt man eher selten. Denn nebenan führt ein breiter Steg über ordentliche Holzbohlen entlang blühender Kübelpflanzen zu diversen Anbauten vorbei am gusseisernen Räucherofen. Irgendwas zwischen maritim und alpin, viel Holz jedenfalls neben dem Rumpf, a bisserl wie auf der Alm.

Man kann Platz nehmen an holzbelegten Gartentischen auf diversen überdachten Ebenen und Wasserterrassen, da ist Raum für bis zu 200 Gäste. Und gerade kommt Inhaber Christian Lommatzsch, 55, locker um die Ecke, filzgrauer Tirolerhut, Weizenbier in der Hand. Was heißt schon alpin? »Ich würde mal sagen, sobald ich den Hut abnehme, sind das einfach Bootshütten in Blockbohlenbauweise.« Das wäre dann geklärt.

Vom weiß überdachten, erhöht liegenden Pavillon blickt man über eine Rummelsburger Bucht im Breitleinwandformat, auf die Spree im Dreibezirke-Eck Treptow–Friedrichshain–Lichtenberg. Man sieht schaukelnde Motorboote, lässig kreuzende Jollen und ein paar Standup-Paddler, links, ganz nah, die Abteibrücke zur Insel der Jugend, weit hinten die Wellblechfassade des Schiffsausrüsters DSG, rechts, hinter der Klipper-eigenen Barkasse »Rugenbergen«, nur Wasser und Weite. Ein paar Schäfchenwolken am babyblauen Himmel, eine leichte Brise um die Nase, es läuft lässige Countrymusik. Schön hier.

Christian Lommatzsch kommt gerade vom Betriebssport mit dem Team, Boxen auf der Wiese neben dem großen Parkplatz. Ein Angebot für das während

Christian Lommatzsch

Corona geschrumpfte und täglich hart arbeitende Team, darunter sechs Köche, zwei Azubis und fünf Hilfen in der Küche. »Ich könnte acht Köche brauchen«, sagt der Chef. Eben hat er gehört, dass die DeHoGa meldet, in Berlin fehlten 15 000 Kräfte in der Gastronomie. Dass sein Betrieb mittlerweile wieder beginnt rundzulaufen, freut ihn.

Wer kommt auf die Idee, einen Zweimastsegler als Restaurant im Treptower Park vor Anker gehen zu lassen? Christian Lommatzsch, erstmal Medizin-, dann Jurastudent auf Zeit, jobbte rund zehn Jahre bei der Berliner Reederei van Loon – und begeisterte sich dann für die Idee von »van Loon«-Eigentümer Karsten Sahner. Das Restaurantschiffprojekt Klipper begannen sie zu viert in einer GbR, übrig geblieben ist Lommatzsch. Den Segler hatten sie schon gekauft, der Plan, ihn zum Restaurantschiff zu machen, war da, aber erst sechs Jahre später gab's den Liegeplatz dazu, die Eröffnung folgte 2001. Der »Klipper« bietet auch Sportbootwanderern und Fahrgastschiffen sichere, weil überwachte Anlege- und Übernachtungsmöglichkeiten.

»Wir sind ein Sommerladen«, sagt Christian Lommatzsch. Aber einer, der das ganze Jahr über geöffnet ist, wo sich die Gäste drinnen wohlfühlen oder sich bei den ersten Plustemperaturen in wattierter Jacke neben die Feuerschalen oder an improvisierte Öfen nach draußen setzen. April, Mai, Juni brummt das Geschäft schon. Das Restaurantschiff hat ein großes Stammpublikum: Zugezogene und Alteingesessene, Menschen außerhalb des S-Bahn-Rings und Chartergäste, Parkbesucher, Jogger, Geschäftsleute der umliegenden Konzerne, Familien.

Der »Klipper« ist kein Fischrestaurant, aber Fisch gehört absolut zu den Spezialitäten. Norwegischer Lachs wird selbst gebeizt, mit Fisch und Fleisch werden mehrmals die Woche zwei Räucheröfen bestückt. Die Küche, von Anfang an unter Leitung von Gerd Schulze, serviert Matjes, Zander, geräucherte lauwarme Regenbogenforelle. Wild aus der Region ist gefragt: Reh, Wildschwein, auch mal Rothirsch, vom Jäger aus der Decke geschlagen, aber frisch zerlegt in der Kombüse. »Wildgulasch mit Rotkohl und Klößen läuft bei uns auch im Sommer.«

Dann wäre da noch die deftige und üppige Frühstückskarte von 10 bis 16 Uhr: »Binnenschiffer«-, »Matrosen-«, »Meerjungfrauen«-Frühstück, alle mit Rührei und vielem mehr, oder der »Strandläufer« mit Rumpsteak. Der »Kapitänsteller« mit schiffgebeiztem Lachs oder der »Käpt'n Smoker« für zwei Personen. Die Leute kommen hierher zum Kaffee-, Tee- oder Schokoladetrinken, Hausmacher-Apfel- oder Käsekuchen dazu, Crêpes oder warme Waffeln. Oder zum zünftigen Abendessen mit Blick auf die Lichter in der Bucht, auf einen Cocktail als Sundowner. Ein Mampf-Paradies am Wasser, gemütlich, leger. Nur, und darauf legt Christian Lommatzsch Wert: »Freier Oberkörper bitte nicht.«

Restaurantschiff Klipper, Poetensteig / Bulgarische Straße, 12435 Berlin-Treptow, www.klipper-berlin.de

DER SCHWIMMENDE SALON

31

RESTAURANTSCHIFF PATIO

Das hat definitiv Stil. Ein Dinner mit Panoramablick auf die stuckverzierten Gründerzeitbauten am Holsteiner Ufer, dessen Fassaden die Abendsonne weiß leuchten lässt. Ein Platz knapp oberhalb der Wasserlinie, als müsse man nur den Arm ausstrecken, um die Finger durch die Spree gleiten zu lassen. Gegenüber liegt das Fahrgastschiff »Europa« vertäut, ab und zu gleiten Charterboote vorbei. Ein Glas Crémant darauf, hier so exklusiv zu sitzen an Bord eines fest verankerten Salonschiffs, einer schwimmenden Terrasse, seit 2022 nach einer kulinarischen Wende ein Restaurant mit zeitgemäß lässiger, feiner Küche. Denn auf dem »Patio« kocht ein ambitionierter Berliner Küchenchef; den Reiz macht also nicht nur die bildschöne Location aus.

Christopher Kümper, 2017 von den »Berliner Meisterköchen« zum Aufsteiger des Jahres gekürt, musste sein Charlottenburger Restaurant »Christopher's« nach zwei Jahren Pandemie schließen. Aufzuholen, was durch den Lockdown verloren war – nicht mal mit 14-Stunden-Einsatz sieben Tage die Woche war das machbar. Silvester 2021 war Schluss. Der Neustart im »Patio« ist absolut geglückt, ganz ohne Fremdeln innerhalb der Mannschaft. Mit einigen aus dem Team hatte der 37-Jährige zuvor schon gearbeitet; den Sous-Chef brachte er aus dem eigenen Haus mit. Weniger Stress, Sonntag und Montag ist Ruhetag; Kümper hat wieder Spaß am Kochen. Die Stimmung an Bord ist gelöst, die Zusammenarbeit vertrauensvoll – das strahlt auch der flinke, freundliche Service aus.

Die Drei-, Vier- oder Fünf-Gänge-Menüs – Fleisch, Fisch oder vegetarisch – tragen deutlich Kümpers Handschrift: international inspiriert, mit regionalen Zutaten umgesetzt. Weniger gedrechselt als früher, aber gewohnt aromatisch und appetitlich farbintensiv in Szene gesetzt. Ein bisschen Mittelmeer, etwas Südamerika, ein Hauch Asien, Umami-fokussiert. Meist bilden drei Komponenten die Basis eines Gerichtes. Beim Dreiklang aus Artischocken-Variation, leuchtend orangem Gazpacho-Eis und Feta etwa, beim goldbraun gebratenen Schwertfisch auf Blumenkohl-Püree und knallgrünem Lauchöl, bei der zarten Taubenbrust

Mathias Böhme (l.) und Christopher Kümper

mit Topinambur-Püree und Chutney von goldgelber Quitte oder beim Dessert aus veganer weißer Schokolade, Birne und Miso, beinahe zuckerfrei; die Süße kommt aus der einreduzierten Frucht. Das – fünferlei – Brot ist knusprig und fluffig, auf jeden Fall hausgebacken.

Platz nehmen können bis zu 60 Gäste auf dem Vorderdeck unter roten Schirmen an weiß eingedeckten Tischen oder 25 im verglasten Wintergarten unterm Kuppeldach und dahinter, auf einer zweiten kleinen Terrasse, noch einmal 25. Ein paar Stufen tiefer im Schiffsbauch liegt das stilvoll eingerichtete Restaurant: dunkles Parkett, cognacfarbene Ledersitze, stilecht umgeben von Bullaugen und unter einer stylish gewölbten Decke, geformt wie ein zu den großen Panoramafenstern weisendes Vordach. Das Tiefgeschoss unterhalb der Wasserlinie bietet eine Raucherlounge mit Tanzfläche.

Wenn das Wetter hält, ist zwei- bis dreimal die Woche auch »Steg-Dinner« möglich, vier Tischchen für Zwei backbord außerhalb des »Patio«. Und mit zwei Motorbooten – der »Riethoen«, einem bildschönen Backdecker von 1938 oder dem neuen Hausboot »Patio Nido« – die nebenan im Spreewasser dümpeln, gibt's nach dem Dessert noch einen nächtlichen Törn on top, vorbei am Regierungsviertel und der Museumsinsel bis zum Humboldtforum. Stimmungsvoller geht's kaum.

Am Steuer steht Mathias Böhme, 57, Eigentümer des »Patio« und gleichzeitig sein Baumeister. »Ich stamme aus Wustrow«, sagt er, »ich hab' einen Bezug zum Wasser.« Ob das ein Projekt erklärt, das vor 22 Jahren begann, ohne Liegeplatz und anfangs noch kreditfinanziert? Böhme ersteigerte ein altes Stahlrumpf-Schulschiff, von Anfang an mit dem Plan, es in ein schwimmendes Restaurant umzubauen. Die Genehmigung für den favorisierten Liegeplatz neben Schloss Bellevue an der Bärenbrücke in Moabit ließ auf sich warten. Da fing der gelernte Metallbauer einfach schon mal an mit der Umgestaltung – ein kostspieliges, Jahre währendes Abenteuer. So viel zu Bauabschnitt eins.

Weil Stahlschiffe aber alle fünf Jahre für die Wartung aus dem Wasser müssen – Transportkosten um die 100 000 Euro – fiel Mathias Böhme noch was ein: ein Zusatzgeschoss fürs Schiff. Er ließ den 32 Meter langen Rumpf in eine Betonhülle einschwimmen. Dafür mussten bloß noch der Liegeplatz ausgebaggert und die Kaimauer neu befestigt werden. Jetzt sitzt das Boot also unverrückbar in einem Betonbett, dafür hat das »Patio« seit 2017 ein Kellergeschoss mit Platz für Lager, Personalräume und eine Lounge dazubekommen.

Bau abgeschlossen, kulinarischer Neuanfang geschafft. Dass man nun nicht nur auf verschiedenen Ebenen feiern und das Schiff für Veranstaltungen mit bis zu 150 Gästen mieten, sondern dort auch im kleinen Rahmen stilvoll speisen kann, freut den Eigner. »Ein Gewinn für uns«, sagt er mit Blick auf seinen neuen Küchenchef. Pizza und Flammkuchen gab's hier lang genug.

Restaurantschiff Patio, Ecke Kirchstraße / Helgoländer Ufer 13a, 10557 Berlin-Moabit, www.patio-berlin.de

»JANZ PRÄCHTIG AMÜSIERT«

32

ROSENGARTEN PANKOW

Komm mir jetzt bloß keiner mit Bolle, jener Karikatur des rüden Berliners der wilden Zwanziger. Jedes Kind kennt den Refrain des Schwankliedes, in dem Bolle nichts Gutes aus einem Pfingstausflug macht. Den Jüngsten im »Jewühl« verloren, weil Hinz und Kunz im Vorstadtwagen oder Kremser feiertags zum Amüsemang nach Pankow rausfuhr. Nichts zwischen die Zähne bekommen, nicht mal mehr ne Butterstulle, weil der ganze Plebs schon vor ihm »allet uffjefressn« hatte. Bier jab's ooch nich. Dafür reagierte man sich in der Schönholzer Heide bei ner Keilerei ab. »Aber dennoch hat sich Bolle janz köstlich amüsiert ...«

Amüsement ist im Bürgerpark, der zwölf Hektar großen Grünanlage mitten im bürgerlichen nordöstlichen Berliner Teilort Pankow, garantiert – nur eben janz anders als damals. Probieren Sie's aus, bevorzugt an einem Sonnentag im Frühling, Sommer, Frühherbst. Dorfkirche, Rathaus und Einkaufsstraße links liegen lassen, ausbüxen aus dem nach Wedding rollenden Verkehr, rein in die stille Wilhelm-Kuhr-Straße parallel dahinter. Und dann baff sein über diesen unvermittelt auftauchenden, protzigen Haupteingang, ein Neorenaissance-Portal von 1865 als Entrée zum Park. Gleich hinter dessen schmiedeeisernem Tor wartet ein Panorama, das »Freizeit!« schreit. Von Blumenrabatten gesäumte Schotterwege lotsen zu einem zehn Meter großen Wasserbecken mit Fontänen und einem riesigen Landschaftspark dahinter. So viel Weite, so viel Licht, so viel Spielwiese, beschattet von 150 Jahre alten Eichen, Buchen, Kastanien, Ahornbäumen. Und in Sichtweite ein Biergarten!

Das Gelände am Flüsschen Panke – neben der angrenzenden Schönholzer Heide und dem Park rund ums Schloss Niederschönhausen wohl die anmutigste Anlage der drei zentralen Pankower Parks – gehörte im 19. Jahrhundert einem Privatmann: Hermann Killisch von Horn, Begründer der Berliner Börsenzeitung. Er machte es zum Landsitz für seine Familie und ließ einen englischen Landschaftsgarten anlegen. Aus der ehemaligen Papiermühle wurde

Claus Bohle (l.) und Eric Seiler

ein Herrenhaus samt Wirtschaftsgebäuden, Palmenhäusern, Brückchen, einem indischen Tempel. Als offizieller Eingang fungierte der mit Putten geschmückte Triumphbogen, heute das einzige Relikt.

Dass das Anwesen nach Killisch von Horns Ableben nicht Vorort-Bodenspekulanten zum Opfer fiel, soll 1907 Pankows Bürgermeister Wilhelm Kuhr verhindert haben. Die Gemeinde kaufte es zum Preis von 1,45 Millionen Mark, das Terrain wurde Spielwiese fürs Volk. Neues kam hinzu, Institutionen blieben und machen heute den Charme aus: die Liegewiesen, weitläufig genug für Yoga, Frisbee und Federball. Wege, auf denen Radler und Spaziergänger sich nicht zu drängeln brauchen. Hügel als willkommene Schikane für Jogger. Skulpturen zeitgenössischer Kunst in Winkeln und Parzellen, fast schon ein Freiluftmuseum. Im Duo mit der Schönholzer Heide wie gemacht für Kinder: Zwergziegen-Gehege, Volieren, Kinderbauernhof Pinke-Panke, ein Abenteuerspielplatz. Um den hübsch kitschigen Musikpavillon entfaltet sich die stachelige Pracht bunter Beetrosen und Rambler, Strauch- und Miniröschen, umstanden von weißen Gartenbänken. Vielleicht muss man das alles erst ausgekundschaftet haben, ehe man sich einen Platz im »Rosengarten« neben dem Rosengarten sucht – auf der Holzterrasse unter roten Riesenschirmen oder im Restaurant neben dem Ausschankpavillon. Unter Bäumen zur Ruhe kommen mit einem deftigen Snack, Kaffee und Kuchen oder einem Drink, lohnt hier allemal.

Einen Biergarten, ein Café soll es hier von jeher gegeben haben. Die Immobilie brannte 2007 ab, wurde vom Bezirk wieder aufgebaut und verpachtet.

So richtig Fahrt nahm der Betrieb erst 2017 unter Leitung von Eventmanager Rainer Gehrmann und Gastronom Moritz Fleck auf. Gehrmann, Initiator der Reihe »Jazz im Park«, brachte ein neues Konzept mit: Konzerte und Lesungen im Pavillon, Ausstellungen und eine aufgefrischte Gastronomie. Mithilfe des Bürgervereins »Für Pankow« wurde die Parkbücherei aus DDR-Zeiten renoviert und wiederbelebt: ein Häuschen mit ein paar tausend Bänden Lesestoff plus Liegestuhlverleih zum kostenlosen Schmökern.

Gehrmann gab Biergarten mit Restaurant 2022 an ein erfahrenes Duo ab: Claus Bohle, seit 24 Jahren in der Gastrobranche, und Immobilienmanager Eric Seiler, Freunde seit der Studienzeit. Ihr Ziel ist es, das ganze Jahr über Fullservice mit Fachpersonal zu bieten. Das kostenlose Konzertangebot – ob Summer-Jam oder Einzelkünstler, DJs oder Kooperation mit dem Kultursommer Berlin – ist kleiner als früher, aber immer noch ein Magnet. Was aus der Küche kommt, ist frisch zubereitet: Flammkuchen oder Thüringer Bratwurst vom Holzkohlegrill, Leberkäs mit Bratkartoffeln oder Currywurst mit Sauce nach eigenem Rezept. Bohle und Seiler sitzen beim Gespräch hemdsärmelig und entspannt da, den laufenden Betrieb immer im Blick, und sagen unisono: »Mittlerweile sind wir echt zufrieden.« Elf bis zwölf Stunden halten sie in der Saison offen, im Winter noch von 11 bis 19 Uhr.

Was machen wir nun mit dem angebrochenen Nachmittag? Vielleicht mit einer Grillwurst ganz gemütlich die Wiese überqueren. Dann ist die Thüringer verdrückt und der Mund abgewischt, ehe man an der Bücherei landet, Lektüre aussucht und sich im Liegestuhl einliest. Fürstlich! Nirgendwo sonst ist Pankow so wenig Dorf.

Rosengarten, Wilhelm-Kuhr-Straße 9, 13187 Berlin-Pankow, www.rosengarten-pankow.de

WEINGARTEN

DIE ENTE BLEIBT

33

RUTZ ZOLLHAUS

Eine Institution lebt weiter. Wer früher Appetit auf Brandenburger Bauernente aus dem Rohr hatte, ging ins »Alte Zollhaus«. Lauschig gelegen auf den Uferwiesen des Landwehrkanals, ein Gebäude mit Sichtfachwerk aus dem 19. Jahrhundert, sehr untypisch für Kreuzberg. Ein idyllischer Ort, der flüsterte, hier zu essen wärme Bauch und Seele: draußen unter alten Bäumen, drinnen in der schummrigen Stube mit der »Schmugglerscheune« oben drüber.

Inhaber Herbert Beltle, erfahrener Gastronom, Wahl-Berliner aus Augsburg, bot dort über drei Jahrzehnte Küche, die seiner Überzeugung entsprach. Als andere begannen, sich Trends zu beugen, setzte er unerschütterlich auf deutsche Klassiker, auf gutbürgerliche Küche. So viel Kontinuität gefiel den Leuten, ein großes Stammpublikum liebte das Restaurant. Kohl und Genscher kamen, James Last und die Scorpions. Seit 2020 ist dort alles frischer, jünger, moderner und hält doch sehr gekonnt der Tradition die Treue. Das Team des »Rutz Zollhaus« hat keinen geringeren Anspruch als die »Rettung der deutschen Esskultur«.

Mitten im Lockdown hatten die Unternehmer und Weinexperten Anja und Carsten Schmidt zusammen mit Marco Müller, Berlins einzigem Dreisternekoch und Chef ihres Gourmet-Restaurants »Rutz«, den Mut, einen Nachfolger im sanierten Fachwerkhaus zu etablieren. Das Konzept: regional geprägte, zeitgemäße deutsche Küche mit Twist zum Besonderen, neu interpretierte Klassiker, besonders und doch etwas für jeden, kein Anspruch auf Sterneküche und kein Zwang zum Menü.

»Das Erbe Herbert Beltles wollen wir nicht ausradieren«, sagt Küchenchef Florian Mennicken, 37. Dass er mal in Münster Archäologie studiert hat, erwähnt er mit einem Lächeln, die Begeisterung für den Kochberuf hat ihn schon lange gepackt. Der gebürtige Belgier bringt Erfahrung unter anderem aus den Sternerestaurants »Adlon Esszimmer« und »Facil« mit. Marco Müller als kulinarischer Leiter lässt Mennicken im Zollhaus freie Hand. Die beiden arbeiten seit sechs Jahren zusammen. Die Linie ist klar: Gekocht wird regional, keine Produkte aus dem Ausland, Nachhaltigkeit ist Gesetz. Und es gibt Klassiker,

Florian Mennicken

über die das frühere »Rutz-Weinbar«-Publikum wie auch Zollhaus-Stammgäste glücklich sind.

Die Ente steht saisonal auf der Karte, aber sie hat sich ganz schön gemausert. Bei maximal 75 Grad zwölf Stunden im Ofen gegart, dürfen Brust und Keule durchziehen und werden am Ende unter großer Hitze knusprig gebacken. Dazu kombiniert die Küche mal gerauchtes Selleriepüree, mit Honig lackierten Chicorée, roh marinierten Rotkohl und Sellerie-Chips und mal gefüllten Serviettenknödel und Rahmwirsing.

Am liebsten würde man die Vorspeisenkarte einmal quer essen, die gebratene Neuköllner Blutwurst »mit Jemüse« und Kartoffel-Nussbutter-Püree, die Königsberger Klopse aus Kalb- und Schweinefleisch, im Fond gegart, in sämiger Sauce serviert mit Kartoffelpüree, frittierten Kapern und Saiblingskaviar, den gegrillten Kopfsalat mit ausgelassenem Landspeck, geröstete Kartoffel mit Gartenkräutern, saurem Apfel und geeistem Ziegenkäse. Das Sauerteigbrot mit dichter Kruste ist dreifach gebacken – so gibt's das von keinem Bäcker. Mit den Hauptgängen fängt Mennicken den Gast sowieso ein: Entrecôte, 42 Tage gereiftes Fleisch, perfekt mit einer Kerntemperatur von 50 Grad serviert. Fisch als Tagesfang mit Spinat und Holunderbeere. Die Desserts ausgefallen, aber nicht verkopft. Paprikaparfait, kombiniert mit Waldmeister, grünem Apfel, Schokolade und Haselnuss – so frisch!

Klar, dass bei diesen Inhabern Wein eine große Rolle spielt. Der Klimaschrank, angepasst ans alte Mauerwerk, steht gleich im Durchgang zum neu gestylten Restaurant mit Kachelofen, restaurierten Fliesen, Eichenholztresen und Designerleuchten. Um die 200 Positionen führt die Weinkarte. Die Inhaber arbeiten viel mit Winzerfreunden zusammen. Der Fokus liegt auf deutschen Weingütern – Rheinhessen, Rheingau, Mosel, Pfalz. Die Gewächse der alten Welt – etwa der Riesling – passen gut zu den klassischen, niveauvollen Gängen.

Und auch zu einem Traditionshaus, das zwar mal Zentralkontrollstelle für Dampfer und Kähne war, aber 1901 als Depot der Stadtreinigung entstanden ist. Wer genau hinsieht, kann das an den vom Wetter geschliffenen Reliefs in der Fassade ablesen, die eine tanzende Maus am Spinnennetz zeigen, eine Straßenfegermütze, einen Besen. Nach Kriegsschäden bis 1979 für einen Millionenbetrag wiederaufgebaut, ist das Zollhaus schon seit 1980 Gaststätte. Ein Ruhepol am Wasser mit großer, überdachter Terrasse, umgeben von Wiesen. Ein Ort, an dem man beim Bestellen ruhig Mut beweisen darf. Molkesuppe mit Koriander und Wasabi? Mancher Gast, vom Service gut beraten, war da schon baff. »Das hätt' ich sonst nie bestellt!« Aber dann haben die Retter der deutschen Esskultur eben doch etwas unwahrscheinlich Leckeres serviert.

**Rutz Zollhaus, Carl-Herz-Ufer 30, 10961 Berlin-Kreuzberg,
www.rutz-zollhaus.de**

SCHANKHALLE PFEFFERBE

BRAUGASTHAUS MIT HERZ

34

SCHANKHALLE PFEFFERBERG

Der Kreis schloss sich 2013. Da eröffnete die »Schankhalle« in einem weiß verputzten spätklassizistischen Bau mit bleiverglasten Bogenfenstern und Stuckelementen unter der Traufe. Überm Eingang prangt das Datum goldener Brauereizeiten in Prenzlauer Berg: 1893. Eine zünftige Gaststätte auf einem Plateau einige Höhenmeter über der Schönhauser Allee, zahlreiche Stufen weiter oben hinter einem seltsam massiven, mit Säulenelementen von der Straße abgegrenzten Aufgang. Dann kommt man an auf einer gepflasterten Terrasse mit noblem Biergarten unter Baumriesen, an einem Ort, wo schon Mitte des 19. Jahrhunderts Bier gebraut und ausgeschenkt wurde. Und so ist es heute wieder am Pfefferberg.

Prenzlauer Berg liegt damals noch vor den Toren der Stadt, die Grundstückspreise sind niedrig. Der bayerische Braumeister Joseph Pfeffer errichtet auf dem Hügelgelände Berlins erste Brauerei für untergäriges und damit lagerfähiges Bier und dazu das »Bierzapfungslokal der neuen Bayerischen Bier-Brauerei Schönhauser Allee 176«. Andere Unternehmen ziehen nach, der Stadtteil wird zum Brauerei-Dorado. Pfeffer verdreifacht seine Bierproduktion bis Anfang des 20. Jahrhunderts auf 150 000 Liter pro Jahr, baut auf 1,35 Hektar Gelände weitere Betriebsgebäude. Doch mit dem Ersten Weltkrieg ist das Geschäft am Ende.

Der Pfefferberg war über Jahrzehnte vieles: Kakao- und Schokoladenfabrikation, Großbäckerei, Druckort des SED-Organs »Neues Deutschland«, Großküche und Poliklinik und lange ein schlummernder Ort mit Zwischennutzung. Heute hat sich das Industriedenkmal-Gelände zum kulturellen Hotspot für Kunst, Architektur, Events entwickelt, zu einem mit empfehlenswerter Gastronomie und einem für gemeinnützige Projekte.

Die Schankhalle ist solch ein Beispiel, getragen von dem sozialen Unternehmen VIA in Berlin. »Wir sind ein Inklusionsbetrieb«, sagt Matthias Hampe, Operation Manager der Schankhalle, die viel mehr ist als nur eine Gaststätte. Zu dem Pfefferberg-Betrieb gehören Tagungs- und Eventräume, der Pavillon »Glas-

Thorsten Schoppe

palast« auf dem Gelände, die Hausbrauerei und das Pfefferberg-Theater, bekannt für Show, Artistik, Schauspiel, Kabarett und Lesungen. Alles in einem Domizil, alles aus der Überzeugung, auch Menschen mit Beeinträchtigung zu beschäftigen. »Das ist unser Markenkern«, formuliert es Matthias Hampe. »Aber wir kehren das Thema nicht nach außen, es läuft einfach so mit.« Menschen mit Beeinträchtigung sind ein Teil der Mannschaft, ganz selbstverständlich. Sie machen etwa 45 Prozent des Schankhalle-Teams aus: in der Küche, im Housekeeping und im Service. »Unser Motto lautet ja, der Mensch steht im Mittelpunkt; du bist, wir sind«, sagt Hampe, früher in der Fünfsterne-Hotellerie, nun glücklich in einem Job mit »philantropischerem Klima«. »Hier heißt es nicht nur: abliefern.«

Und so steht in der »Schankhalle« die gute, gelassene Atmosphäre im Mittelpunkt. Eine »Genussstätte für alle Sinne« will das Gasthaus sein. Eines, das sich mit dem Nachbarn, dem szenigen Restaurant »Kink« auf der anderen Hälfte des Gartens, bestens ergänzt (s. S. 105). »Wir sind nicht der Augustiner mit Haxn«, erklärt Hampe.

Küchenchef Mohammed Bashar kocht lässig interpretierte, mediterran inspirierte Wirtshausküche, die zum hausgebrauten Bier passt. Nie Convenience, nur nationale, bestenfalls regionale Produkte. Oft spielt, was beim

Brauvorgang abfällt eine Rolle, der Treber, Rest des verarbeiteten Malzes, der dem für die Schankhalle gebackenen Brot eine spezielle Note verleiht. Bashar setzt Brauhaus-Kalbsschnitzel im knusprigen Treberbrotmantel auf die Karte, Weizen-Malzrisotto mit Pfifferlingen und süßsauren Radieschen oder »Treberstullen« mit Lachstatar oder Roastbeef. Die Standardkarte – auf der Entrecôte mit Rotwein-Balsamicozwiebeln ebenso Platz hat wie im Ganzen gegarter Blumenkohl mit Kartoffelstampf, Bergkäs-Spätzle mit Röstzwiebeln wie Backhendl mit Schankchips und Brioche mit Soja-Pulled-Pork – wechselt halbjährlich, dazu kommt ein saisonales Angebot mit je fünf Gerichten.

Einer von Berlins bekanntesten Braumeistern, Thorsten Schoppe, seit mehr als 20 Jahren im Geschäft – sein Motto: »Hopfen, Malz und Muskelschmalz« – liefert dazu sein Schoppe-Bräu, hausgebrautes Bier direkt aus dem Lagertank, unfiltriert und nicht wärmebehandelt, alles jenseits des gängigen Pilsener-Geschmacks, etwa »Sommermärchen«, ein kaltgehopftes Hefeweizen oder den Klassiker »Berliner Schnauze«, ein Dunkles, nussig und süßlich, eine frisch prickelnde Berliner Weiße oder Ale, obergärig und mit fruchtigen Noten.

Die beste Nachricht zum Schluss: Berliner Schnauze gibt's beim Service nicht. »Herzlichkeit steht über allem«, sagt Matthias Hampe. »Wir vermitteln das und trainieren unsere Leute.« Nicht wundern also, wenn der Kellner oder die Kellnerin sich mit Namen vorstellt und ernsthaft versucht, Sie freundlich bei der Speisenwahl zu beraten. »Seid herzlich«, sagt Hampe, »das ist bei uns keine Floskel.«

Schankhalle Pfefferberg, Schönhauser Allee 176, 10119 Berlin-Prenzlauer Berg, www.schankhalle-pfefferberg.de

DENKMAL MIT HAVELBLICK

35

SOMMERCAFÉ IM LANDHAUSGARTEN DR. MAX FRAENKEL

Iris Hartwig kommt mit dem Fahrrad an diesem Julitag, rollt den abschüssigen Lüdickeweg herunter zur kleinen Pforte, hinter der sich ein großes Panorama auftut, die Kiste mit Gartenblumen aus der Sacrower Gärtnerei auf dem Gepäckträger. Mehr rot und gelb Blühendes für die Töpfe rund um ihre Café-Terrasse. Es ist ein Donnerstag, keine Gäste da; sie öffnet nur Freitag bis Sonntag und an Feiertagen in der Saison von April bis Oktober. Aber vorzubereiten ist immer etwas, auch heute.

Es wirkt, als wohne sie hier, im Spandauer Ortsteil Kladow mit diesem unvergleichlichen Blick auf die Havel. Iris Hartwig, von Beruf Grafikdesignerin, kommt gerade von einer Tour quer durch die Stadt zurück in den Spandauer Ortsteil Kladow. Zur Café-Pächterin in einem denkmalgeschützten Landschaftsgarten mit hinreißender Lage auf einer Anhöhe über der Havel wurde sie erst im Januar 2022. Da erhielt sie mit ihrem Gastro-Konzept für vegetarische und bio-orientierte Kost als Pächterin vom Bezirk den Zuschlag. Nun hat sie einen der herrlichsten Blicke auf Wasser und Grün, die Berlin zu bieten hat, auf einen Lehrgarten, der mit Geld aus der Denkmalpflege und EU-Fördermitteln bis 2016 weitgehend so rekonstruiert wurde, wie sein Schöpfer und sein Auftraggeber ihn gedacht hatten. »Mal schnell durchgehen funktioniert hier nicht«, sagt Iris Hartwig. »Das sind um die drei Hektar.«

Den solventen Großstadtbürger zog es schon Ende des 19. Jahrhunderts ins Grüne. Entlang der Steilhänge an der Havel entstanden Villen und Landhäuser mit Garten. Der jüdische Bankdirektor Dr. Max Fraenkel erwarb 1923/24 ein Grundstück am Schwemmhorn, gleich vis à vis der Pfaueninsel, zuvor Eigentum von Unternehmer Otto Lüdicke, ein ehemaliges Ziegeleigelände. Fraenkels Nachbar, der Architekt Albert Geßner, schuf für den Bankier auf dem Grundstück einen herrschaftlichen Eingangsbereich mit Garagenhaus. Die Anlage des riesigen, parzellierten Parks aber vergab Fraenkel an Berlins Stadtgartendirektor Professor Erwin Barth, der auch den Savignyplatz, den Lietzenseepark und den Volkspark Jungfernheide konzipiert hat.

Iris Hartwig

Barth ging in die Vollen, plante weite Wiesen mit einem Obst- und Gemüse- und einem lang gestreckten Rosengarten. Jenseits der Hecke vor der jetzigen Terrasse öffnet sich eine kunstvoll angelegte Landschaft, die man auf Spazierwegen erkunden kann: zum Teepavillon, zu einem gestaffelten Naturteich, zu einem steinigen Hügel mit Gebirgspflanzen, dem Alpinum. Die Terrassen begrenzen Trockensteinmauern, Treppen aus Rüdersdorfer Kalkstein und Rotem Wassersandstein, Spazierwege führen vom Plateau zum Uferweg oder hinüber zum ehemaligen Chauffeurshaus. Das reetgedeckte Geflügelhaus existiert noch, auf immer verschwunden aber sind das Bootshaus unten am Wasser, das Gewächshaus auf dem früheren Stallgebäude und das Hippodrom zwischen den Bäumen. Max Fraenkel war Pferdenarr, seine Frau Automobilistin.

Im ehemaligen Pferdestall aus rotem Backstein ist heute das Besucherzentrum mit einer Ausstellung zum Gartendenkmal untergebracht. Die Garage mit Terrasse ist das Café. 70 Plätze draußen, Raum für 30 Gäste drinnen. Man sitzt an schlichten Biertischen unter roten Sonnenschirmen direkt neben bienenumsummten Gemüse- und Duftblumenbeeten mit Schopflavendel und mediterranen Kräutern, mit Gemüsezwiebeln, Lauch, Asparagus, Kohlköpfen, Mangold, Kohlrabi und Pfingstrosenstauden. Nichts zum selbst Ernten, bitte, allenfalls zum Abgucken. Dies ist ein Schaugarten. Täglich kümmern sich Gärtner des Grünflächenamtes, dass alles gedeiht. In Ruhe lassen gilt auch für den Rest der Anlage, für Obstbäume und Wildblumenwiesen. »Nichts pflücken, nicht mit der Decke ins Gras fläzen«, sagt Iris Hartwig. Lieber flanieren, von halbrunden Bänken aufs Wasser auf Segelboote gucken. Wer Hunger und Durst hat, kommt ins Café.

Ein bisschen stapelt Iris Hartwig tief, wenn sie von sich als Quereinsteigerin erzählt. Denn zuvor hat sie lange Jahre das »Gartenhauscafé« in Zehlendorf betrieben, stemmt professionell Caterings zusammen mit ihrer Schwester. Für das Café im Landhausgarten hatte sie eine Saison Zeit, ein Team aufzubauen. Die Karte stand schnell: vier Sorten Bio-Frühstück, Kuchen von regionalen Bäckereien, manchmal einen selbstgemachten veganen Carrot Cake, wechselnde Tagessuppen und Quiches mit leckerem Dressing und Salat, ab und zu saisonale Specials wie etwa für einen 80. Geburtstag die Kräuterfrikadellen mit Salsa und Ofengemüse. »Alles vegetarisch«, sagt sie mit Überzeugung. Nachhaltiger, umweltbewusster will sie ihren Betrieb noch gestalten, passend zum Landhausgarten.

Wie man schöner als mit Bus oder Auto hinkommt? Als Radler auf dem Mauerradweg, mit der BVG-Fähre F10 von Wannsee nach Alt-Kladow und dann ein halbes Stündchen zu Fuß ab Imchenallee, oder sportlicher mit dem Kanu. Denn auch ein Bootsanleger mit direktem Zugang zum Gelände an der nordöstlichen Spitze existiert. Sein Garten, ein Sehnsuchtsort für alle – das hätte dem Doktor sicher gefallen.

Sommercafé im Landhausgarten Dr. Max Fraenkel, Lüdickeweg 1, 14089 Berlin-Kladow, www.sommercafe-kladow.de

ZWISCHEN TIERGARTEN UND GROSSER POLITIK 36

WELTWIRTSCHAFT AM HKW

Ein Ort, viele Gesichter.

Man kann ihn in einer Sommernacht erleben, wenn an der Spree ein DJ Soul, Black Disco oder House auflegt, bunte Glühbirnen so etwas wie Strandbar-Atmosphäre schaffen und sie am Ufer tanzen. Man kann beim After-Work-Aperitivo auf der Terrasse warten, dass der Abend sich senkt über dem Band des Bundes oder von der Dachterrasse hinunterschauen auf ein Stück Regierungsviertel. Am Wochenende kommen Spaziergänger, Radler, Jogger, Dampfergäste zum Brunch und unter der Woche auf ein spätes Frühstück unter weißen Schirmen und grünen Zeltdächern oder zum mediterranen Lunch ins stylische Restaurant auf zwei Ebenen. Politiker sehen sich hier zum Dinner, Kunstschaffende aller Nationen treffen sich in ihrer »Kantine«.

Zwischen Spree und Großem Tiergarten, in direkter Nachbarschaft zum Theaterzelt »Tipi« bringt das Restaurant »Weltwirtschaft« sie alle zusammen. Eine prominente Adresse, denn dahinter wölbt sich eine Ikone der architektonischen Moderne: das Haus der Kulturen der Welt, Ausstellungsort für internationale zeitgenössische Künste, kurz: HKW.

Sie gehört zu Berlin wie die »Goldelse« oder der »Telespargel«: die »Schwangere Auster«, die ehemalige Kongresshalle, 1957 entstanden als amerikanischer Beitrag zur Internationalen Bauausstellung, Zentrum für Kongresse, Kultur und politische Tagungen im alten Westberlin. Im Wonnemonat Mai 1980 klappte die Auster zusammen, ein spektakulärer Einsturz, der erst sieben Jahre später behoben war. Die Konstruktion stabil, der Name neu, das kulturelle Konzept offener. Seit 2022 ist das durch den Wechsel in der Intendanz noch augenfälliger: Leiter ist der Kurator und Kulturmanager Bonaventure Soh Bejeng Ndikung aus Kamerun.

Manchmal merkt man das auch an der Küche, es finden Events mit Gastköchen aus entlegenen Fine-Dining-Küchen statt, alle zu buchen über die Website des Restaurants. Die spannende Symbiose von Haus der Kulturen der Welt und Gastronomie gehört zum Konzept der »Weltwirtschaft«. Diesen Twist merke

Dominik Bausinger

man auch am Publikum, sagt Geschäftsführer Dominik Bausinger. »Es ist jünger, internationaler, diverser.«

2019 erhielt er den Zuschlag als Neubetreiber. Dann folgte Corona, ein Start mit Stotterbremse und Take-Away. Die Leute blieben schon damals, der Ort zu schön, die Pizzen aus lang geführtem Teig und italienischen Zutaten – »Fortuna« mit Thunfisch und Rotweinzwiebeln, »Diavola« mit Nduja, scharfer sizilianischer Schweinswurst – zu lecker, um sie im Weggehen zu verzehren. So ist es geblieben.

Der geregelte Betrieb war in den letzten Jahren – Corona, Ukrainekrieg, aber auch Umbauten im Haus selbst – nicht einfach zu bewältigen. Jetzt freut sich Dominik Bausinger, 56, auf die kommende Saison. Genügend Gastro-Erfahrung bringt der 54-jährige Schwabe mit. In seiner Heimat begann er mit Theatergastronomie, managte Bars, organisierte in den frühen Neunzigern in Berlin große Party-Events, betrieb Clubs und die Gastronomie im »Hebbel am Ufer«. Lief ein Projekt rund, bastelte er schon am nächsten. Als er ein paar Monate vor der Ausschreibung die Location am HKW entdeckte, dachte er: »Hier sollte man sich mal bewerben.«

Die Aufgabe bleibt groß. Das Restaurant bietet 170 Gästen Platz, die Terrasse bis zu 250, der Biergarten etwa 400 und die Dachterrasse nochmal 150. Knapp die Hälfte des Geschäfts machen Events aus, das À-la-Carte-Publikum kommt gern in Gruppen von sechs bis 20. Viel Andrang im Sommer, kann sein, aber überfüllt ist der Ort nie. »Es verläuft sich«, formuliert es Bausinger sehr schwäbisch. »Wenn die Terrasse ausreserviert ist, können die Leute ja in den Biergarten.« Beliebt sind außer der Pizza die mediterranen Antipasti zum Teilen oder saisonale Pasta. Wer's größer mag, ordert vielleicht Wiener Schnitzel mit schwäbischem Kartoffelsalat, Dorade mit Kartoffel-Sellerie-Stampf, Roastbeef sous-vide gegart oder Kräutersaitlinge mit Rote-Bete-Püree. Alles handwerklich perfekt. Und aus dem Food-Truck draußen gibt's auf die Hand Pommes, südamerikanische Empanadas oder brasilianische Käsebällchen.

Dominik Bausinger führt die Treppe hinauf zur Dachterrasse. Der Blick von dort ist einmalig: die zwischen Betonmauern straff geführte Spree, gesäumt von cleanen Uferwegen, Rasengrün, Schattenbäumen. Ein Dampfer macht die Wende auf seiner stündlichen Touri-Tour, der nächste nähert sich leise entlang der Bundesbauten. »Ein bunter, schöner Ort«, sagt Bausinger, »nicht richtig Berlin und nicht nur urban, aber doch dicht am Kanzleramt. Sehr skurril.«

Noch skurriler könnte es in nächster Zeit werden. Weil die Bundesregierung 400 neue Büros braucht, wird das Band des Bundes am Ufer gegenüber der »Weltwirtschaft« um Neubauten, eine Hubschrauberlandefläche und eine Brücke vergrößert, die neben dem Terrain des HKW in hundert Metern Entfernung andockt. Der Restaurantbetrieb wird wohl tagsüber, wenn mit Dröhnung zu rechnen ist, eingeschränkt; am besten vor einem Besuch auf die Website gucken. Der Biergarten bleibt offen. Wem es gerade zu lärmig ist, zieht weiter und kommt eben nach Feierabend zurück. Ein Logenplatz mit Blick auf die 777-Millionen-Baustelle auf der anderen Spreeseite hat ja auch was.

Weltwirtschaft am HKW, John-Foster-Dulles-Allee 10, Berlin-Tiergarten, www.weltwirtschaft.berlin

HAUS ZENNER

MEHR ALS NUR BIERGARTEN

37

ZENNER

Berlins größter Biergarten liegt direkt am Ufer der Spree im Treptower Park. 1500 Plätze auf der riesigen Fläche vor einem denkmalgeschützten, neoklassizistisch wiedererstandenen Haupthaus. Der Gast sitzt, nur durch einen Weg getrennt, am Flussufer mit freiem Blick auf die Insel der Jugend, aufs Kirchlein der Stralauer Halbinsel, auf Kanuten, freizeitpaddelnde Jugendliche und Tretbootfahrer. Aus den Booten tönen spitze Jauchzer herüber; man streckt die Beine unter den langen Tisch, nimmt einen Schluck vom süffigen Berliner Traditionsbier Bürgerbräu-Pils im Tonkrug, in Weissensee eigens für diesen Ort neu aufgelegt, und überlegt zufrieden, welche von vier lecker aufgemotzten Pommes-Kreationen man sich gönnen soll: die mit Pulled Pork, mit Parmesan und Trüffel, mit Chili-Cheddar oder mit Austernpilzen.

Der »Zenner« ist wieder Kult. Ein Gastronomie-Ort war er schon immer: 1822 eröffnet als »Magistrats-Kaffeehaus«, später, nach seinem Verwalter benannt, »Zenners Restaurant«, ein großes Ausflugslokal mit zwei benachbarten Gartenlokalen. Abgerissen, zu DDR-Zeiten HO-Gaststättenbetrieb, das Motto: »Sie werden platziert.« Umgebaut, nach der Wende unter Senatsregie heruntergekommen und in Teilen einsturzgefährdet, nach 2010 als »Eierschale« bekannt, an der Terrasse die Burger-King-Reklame. Am Ende die Insolvenz. Es blieb ein in die Jahre gekommener Koloss mit ungenutzter Freifläche. Jeder, der vorbeikam, dachte: Det wird nüscht mehr.

Tony Ettelt-Brundiers, zweifacher Familienvater, hatte den »Zenner« immer im Blick. Als Halbstarker zog's ihn, die »Berliner Göre aus Friedrichshagen«, auf die Insel der Jugend zu den Drum-Base-Partys und hinterher zu »schlechten Pommes aus der Burger-Filiale«. Seine erste eigene Wohnung war auf der Stralauer Halbinsel, der »Zenner« am Horizont zu erahnen. Beim Joggen am Spreeufer kam er jedes Mal an diesem Dornröschenschloss vorbei. Mit seinem heutigen Geschäftspartner Sebastian Heil betrieb Ettelt-Brundiers 13 Jahre erfolgreich zwei Technoclubs. Irgendwann passten Club-Nachtleben

Sebastian Heil (l.) und Tony Ettelt-Brundiers

und wilder Lifestyle nicht mehr ins (Familien-)Leben, da kam die Ausschreibung des Bezirks für den »Zenner« 2019 wie gerufen. Das Konzept der beiden Profis – denkmalgerechter Ausbau des Fünfzigerjahre-Baus, Restaurierung der zugehörigen Körnervilla und des Turms – samt dem Plan, das Ganze mit kulturellem und gastronomischem Anspruch zu bespielen, gefiel dem Bezirk. Nun sind sie als Geschäftsführer die Chefs eines Projektes mit mehrfachem Millionen-Euro-Aufwand.

Und es läuft. Als Erstes wurde die Außenfläche eröffnet, unterteilt in Bier- und Weingarten. Kulinarisches Nullachtfuffzehn kam nicht infrage. Klar gibt's im Selfservice-Restaurant des Biergartens Currywurst, aber eben spicy mit frittierten Pimientos. Küchenchef Mads Jansson, ein Däne, schickt die Bio-Bratwurst vom Müritzer Weideschwein mit Röstkartoffelstampf, Sauerkraut und Dunkelbier-Jus. Zu den Königsberger Klopsen kommt Rote-Bete-Salsa, zu goldgelb frittierten Kabeljau-Filets mit hausgemachtem Kartoffelsalat ein Kräuter-Zitronen-Quark. Die vegetarische Superfood-Bowl mit Süßkartoffel, Tofu, Edamame, Rote-Bete-Hummus und Miso-Dressing ist kulinarisch so überlegt wie die Veggie-Chicken-Wings für Kinder. Ein Mix aus modern interpretierter Regionalküche und Streetfood.

Die »Loaded Fries« gehen wie geschnitten Brot – am Wochenende wird dafür schon mal eine Tonne frischer Kartoffeln verarbeitet. Zum Kaffee gibt's Hausmacherkuchen, etwa den Klassiker Rübli mit Sahnetopping. Außer Flammkuchen soll es im Weingarten, der auch Naturweine, Orange Wine und – der Nachhaltigkeit wegen – Bio-Weine zu bieten hat, auch saisonal wechselnde Tapas geben, Mini-Chorizo in Rotwein, gesalzene Mandeln, Nocellara-Oliven. Das Dessert holt man sich bevorzugt aus der Bio-Eisdiele auf dem Gelände.

Und was ist mit Bier? Neben Bürgerbräu-Pils wird ein Tegernseer Helles aus dem Holzfass ausgeschenkt, das IPA kommt von Brlo am Gleisdreieck und aus Bayern a rechte obergärige Schneider Weiße. So also geht Biergarten zeitgemäß. »Würde man hier wahrscheinlich nicht erwarten«, sagt Tony Ettelt-Brundiers. Die familienfreundlichen Preise auch nicht, da kann man nicht meckern.

Und sonst so? Ist der »Zenner« natürlich auch eine Event-Location: Im technisch hochgerüsteten Saal mit Eichenparkett, Deckenspiegel und restaurierten elfenbeinfarbenen Wänden wird es ein- bis zweimal die Woche Konzerte geben. »Wir schaffen hier Erlebnisse: mit Musik, Lesungen und Poetry-Slams«, verspricht Ettelt-Brundiers. Und gelegentlich kulinarische Pop-ups im Saal. Ist die Körnervilla nebenan erstmal saniert hat die Stadt einen Festsaal für bis zu 300 Gäste mehr.

Das Wunschpublikum – zu einem großen Teil jung, musikaffin, weltoffen – ist seit der letzten Saison schon da. Der Andrang: »Der Hammer«, sagt Tony Ettelt-Brundiers. Und dennoch nie überlaufen. Es ist so viel Platz dort, am Ufer der Spree. Ist eben doch wieder was geworden aus dem »Zenner«.

Zenner, Alt-Treptow 15, 12435 Berlin-Treptow, www.zenner.berlin

Café Engelbecken

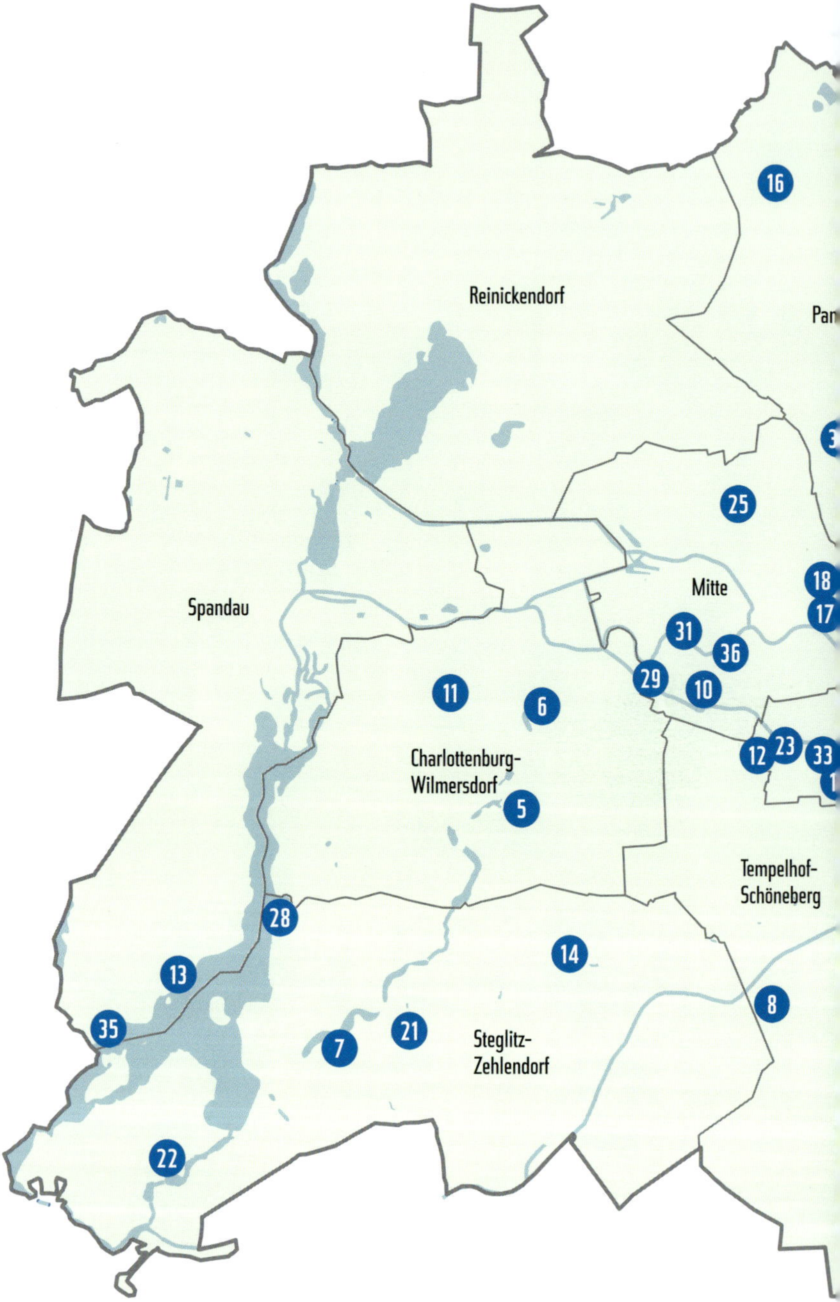
16
Reinickendorf
Par
Spandau
25
Mitte
18
17
31
36
29
10
11
6
Charlottenburg-
Wilmersdorf
5
12
23
33
Tempelhof-
Schöneberg
28
14
13
35
8
7
21
Steglitz-
Zehlendorf
22

Friedrichshain-Kreuzberg
Marzahn-Hellersdorf
Lichtenberg
4
19
37
30
20
Treptow-
Köpenick
Neukölln

BILDNACHWEIS

21gramm: S. 18 unten, 19 links; 180 Grad Café / Johnson: S. 20, 22, 23, Alte Turnhalle Friedrichshain: S. 27 unten; Carla Benzig: S. 101; Biergarten am Herthasee: S. 28; Big Mamma: S. 82; Bootshaus Stella: S. 32; BrewDog DogTap: S. 42, 43 unten links; Karsten Brose: S. 30 unten; Pascal Bünning: S. 102 unten; Lena Burmann: S. 158 unten; Café am Engelbecken: S. 44; Café Eule am Gleisdreieck: S. 56, 58, 59; Café am Neuen See: S. 48, 50 unten; Café Benjamine: S. 54 oben; Café im Gutshaus Neukladow: S. 60,61, 62; Café in der Königlichen Gartenakademie: S. 64, 66, 67; Café Traktorista: S. 74 oben; Clärchens Ballhaus: S. 4, 76, 78, 79; Janek Grahmann: S. 156, 158 oben, 159; Florian Groehn: S. 51; Hofcafé bei Mutter Fourage: S. 98 oben, 99 rechts; Marina Hoppmann: S. 90 unten, 91; Malte Jaeger: S. 84, 86 unten, 87; Jamama Oasen: S. 52, 54 unten, 55 links, 94 unten, 95 links; Jules B-Part am Gleisdreieck: S. 102 oben; Kannstemal / Magareta Elisabeth Rugolski: S. 16, 18 oben, 19 rechts; Meike Kenn: S. 154 unten; Kink am Pfefferberg: S. 104, 106, 107; Jakob Lauche: S. 75 links; Susanne Leimstoll: S. 30 oben, 31, 34, 35, 36, 38, 39, 40, 43 oben, 43 unten rechts, 46, 47 rechts, 50 oben, 51 links, 55 rechts, 70 unten, 72, 74 unten, 79 rechts, 82 oben, 88, 90 oben, 94 oben, 96, 98 unten, 103, 109, 110 unten, 111 rechts, 112, 114 oben, 119 rechts, 122 oben, 123 rechts, 124, 126 unten, 127 rechts, 128, 130, 136, 138, 139 links, 143 links, 151 links, 154 oben, 160, 161; Carolin Leszczinski: S. 12, 14, 15 rechts; Katha Mau: S. 110 oben, 111 links; MKN Nina Stiller: S. 142 unten; Orangerie im Körnerpark: S. 114 unten, 115; Joann Pai: S. 80, 83 links; PCTR BRLN: S. 86 oben; picture alliance: S. 15 links (POP-EYE / Christian Behring), 47 links (dpa / dpa-Zentralbild / Monika Skolimowska), 83 rechts (dpa / Maja Hitij), 118 (Bildagentur-online / Schoening); Pratergarten: S. 116, 119 links; Heribert von Reiche: S. 99 links; Restaurant Insel Lindwerder: S. 120, 122 unten, 123 links; Restaurantschiff Captn Schillow: S. 126 oben, 127 links; Restaurantschiff Klipper: S. 131; Restaurantschiff Patio: S. 2, 132, 134, 135; Rosengarten: S. 139 rechts; Rutz Zollhaus: S. 140, 142 oben, 143 rechts; Ralf Salecker – www.salecker.info: S. 148, 150 oben; Schankhalle Pfefferberg / Daniel Wetzel: S. 144, 146, 147; Linda Schmidt: S. 24, 26 oben, 27; Harry Schnitger: S. 92, 95 rechts Walter Seidl: S. 75 rechts Sommercafé im Landhausgarten Dr. Max Fraenkel: S. 146 unten, 147 rechts Olga & Martin Strauss: S. 68, 70 oben, 71 Weltwirtschaft am HKW: S. 152, 159

DIE AUTORIN

© Annette Koroll

Susanne Leimstoll, geboren 1956 in Stuttgart – der Vater Berliner, die Mutter Schwäbin – arbeitete über 42 Jahre als Redakteurin vor allem für Tageszeitungen, seit mehr als zwei Jahrzehnten und noch immer für den Tagesspiegel und dessen Magazine. 1993 erhielt sie den Wächterpreis der Tagespresse für eine Recherche über betrügerische Treuhand-Machenschaften, für Tagesspiegel-Serien war sie zweimal unter den Preisträgern des Deutschen Lokaljournalistenpreises der Konrad-Adenauer-Stiftung. Seit einigen Jahren liegt ihr Schwerpunkt auf Lifestyle- und Genuss-Themen. Susanne Leimstoll lebt und arbeitet als freie Autorin in Berlin.

DIE BESTEN AUSFLUGSIDEEN FÜR BERLIN

Susanne Leimstoll

Urban Oases in Berlin

The most beautiful garden cafés, beer gardens and outdoor restaurants

ISBN 978-3-8148-0326-5

Nora Klinger / Gesine Palm

Berlin für Teenager

Die coolsten Orte zum Erleben, Staunen und Shoppen

ISBN 978-3-8148-0295-4

Gary Schunack

Wildberlin

50 grüne Sehnsuchtsorte in der Hauptstadt

ISBN 978-3-8148-0254-1

Sarah Bechimer

Mit Hund in Berlin

Die schönsten Ausflüge ins Grüne

ISBN 978-3-8148-0323-4

Gary Schunack

Mit Kindern draußen in Berlin

111 Aktivitäten in der Natur

ISBN 978-3-8148-0297-8

Ganz Berlin

Die schönsten Spaziergänge durch alle Stadtteile

ISBN 978-3-8148-0276-3

Marijke Leege-Topp

Berlin mit Kindern

Der Familienausflugsführer – Mit den besten Tipps und Adressen

ISBN 978-3-8148-0322-7

Gregor Münch

Rund um Berlin

Einmal um die Stadt in 19 Etappen

ISBN 978-3-8148-0298-5

Gary Schunack

Ahoi, Berlin

Die schönsten Ausflüge am, auf und unter Wasser

ISBN 978-3-8148-0255-8

Stand der Informationen: Dezember 2024

Titelfoto: © Café im Literaturhaus-Wintergarten. Das Café ist während der Sanierungsarbeiten des Literaturhaus vorübergehend geschlossen.

Bibliografische Information der Deutschen Nationalbibliothek
Die Deutsche Nationalbibliothek verzeichnet diese Publikation in der Deutschen Nationalbibliografie; detaillierte bibliografische Daten sind im Internet über http://dnb.d-nb.de abrufbar.

Zu Fragen der Produktsicherheit wenden Sie sich bitte an herstellung@bebraverlag.de

2., aktualisierte und überarbeitete Auflage 2025

Asternplatz 3, 12203 Berlin
post@bebraverlag.de
Lektorat: Anika Strehlow, Berlin
Satz: typegerecht berlin
Umschlag: Fernkopie, Berlin
Schriften: Tasse, Proforma
Druck und Bindung: DZS GRAFIK, Ljubljana
ISBN 978-3-8148-0268-8

www.bebraverlag.de

FSC www.fsc.org
MIX
Papier | Fördert gute Waldnutzung
FSC® C106600